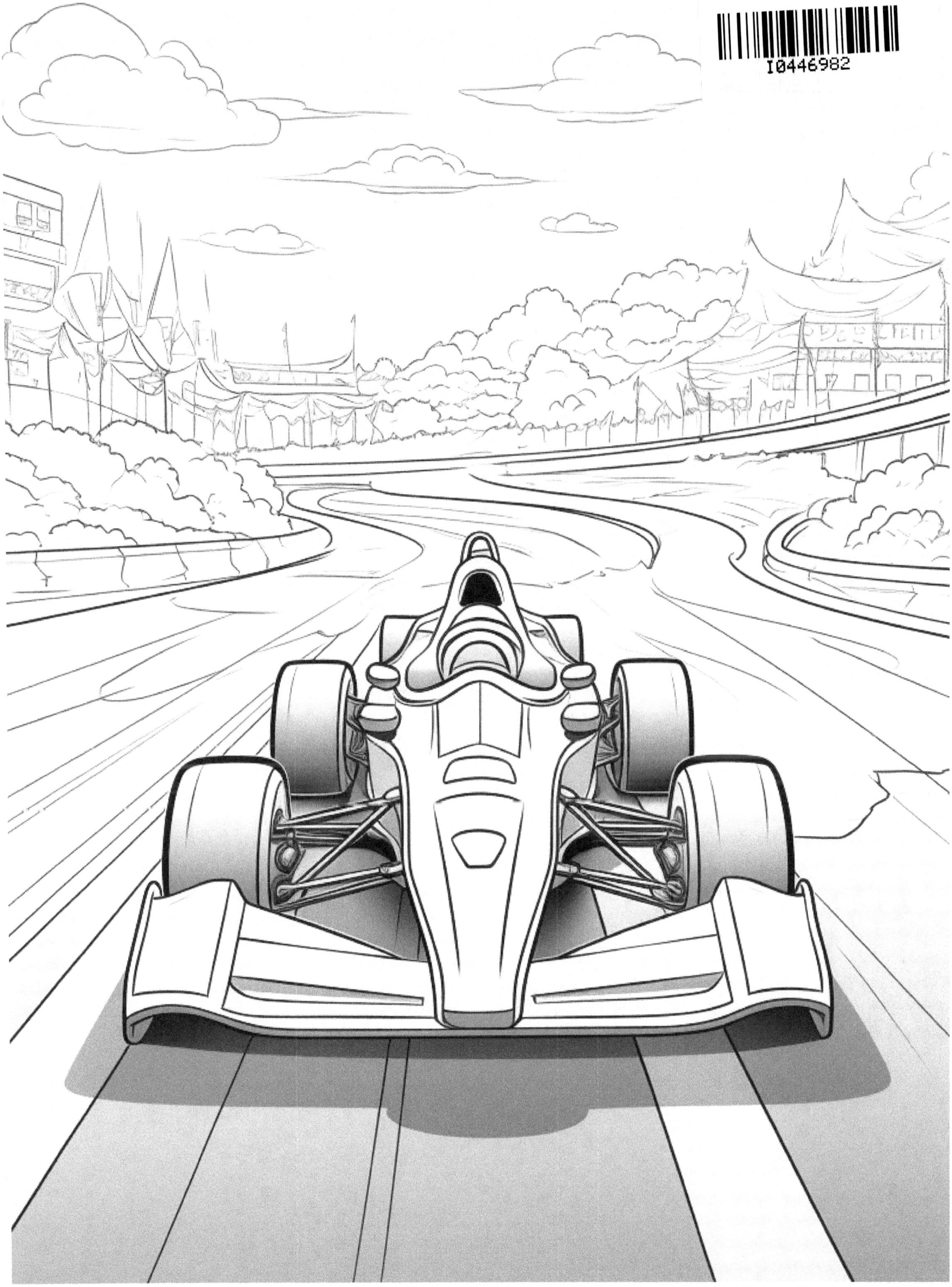

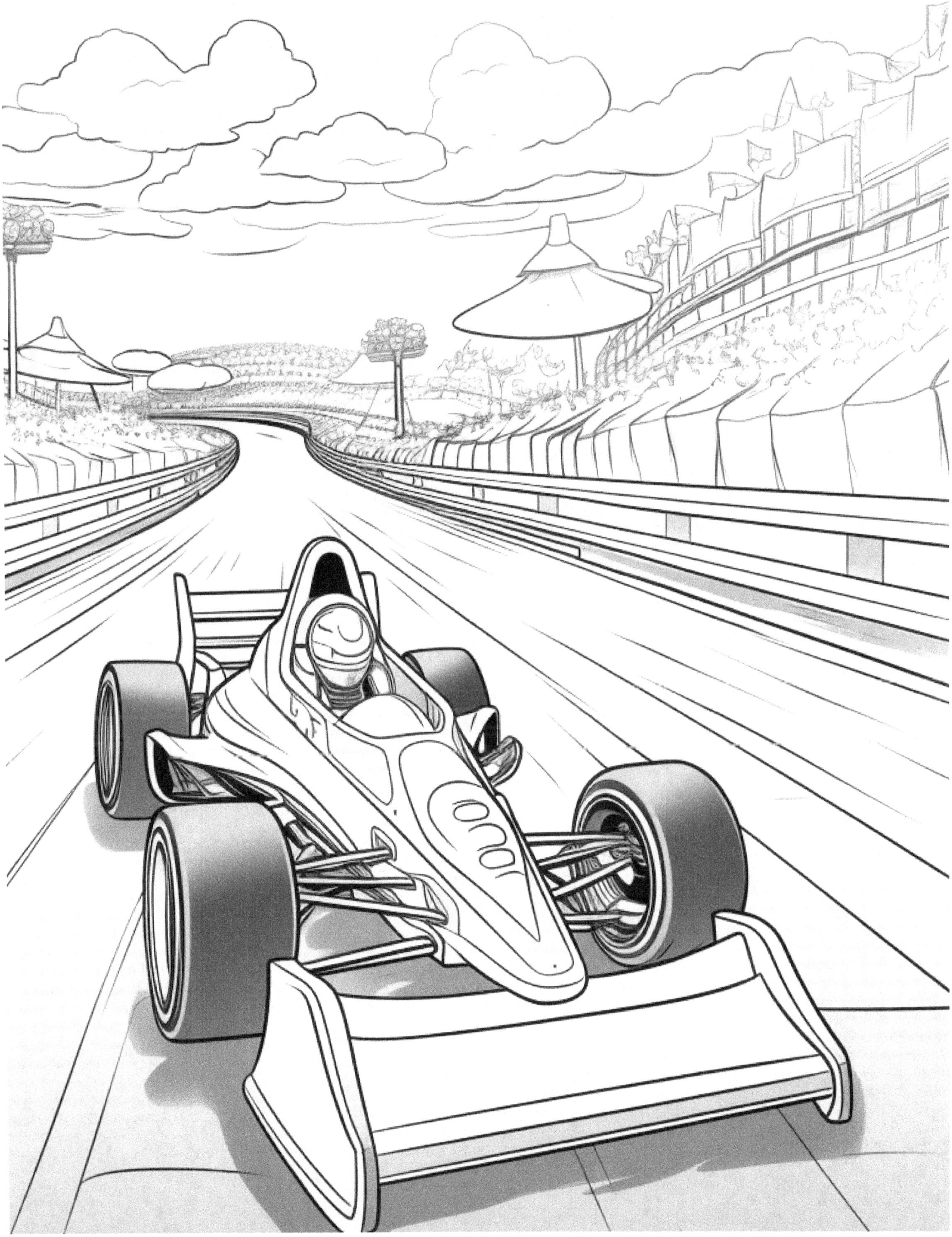

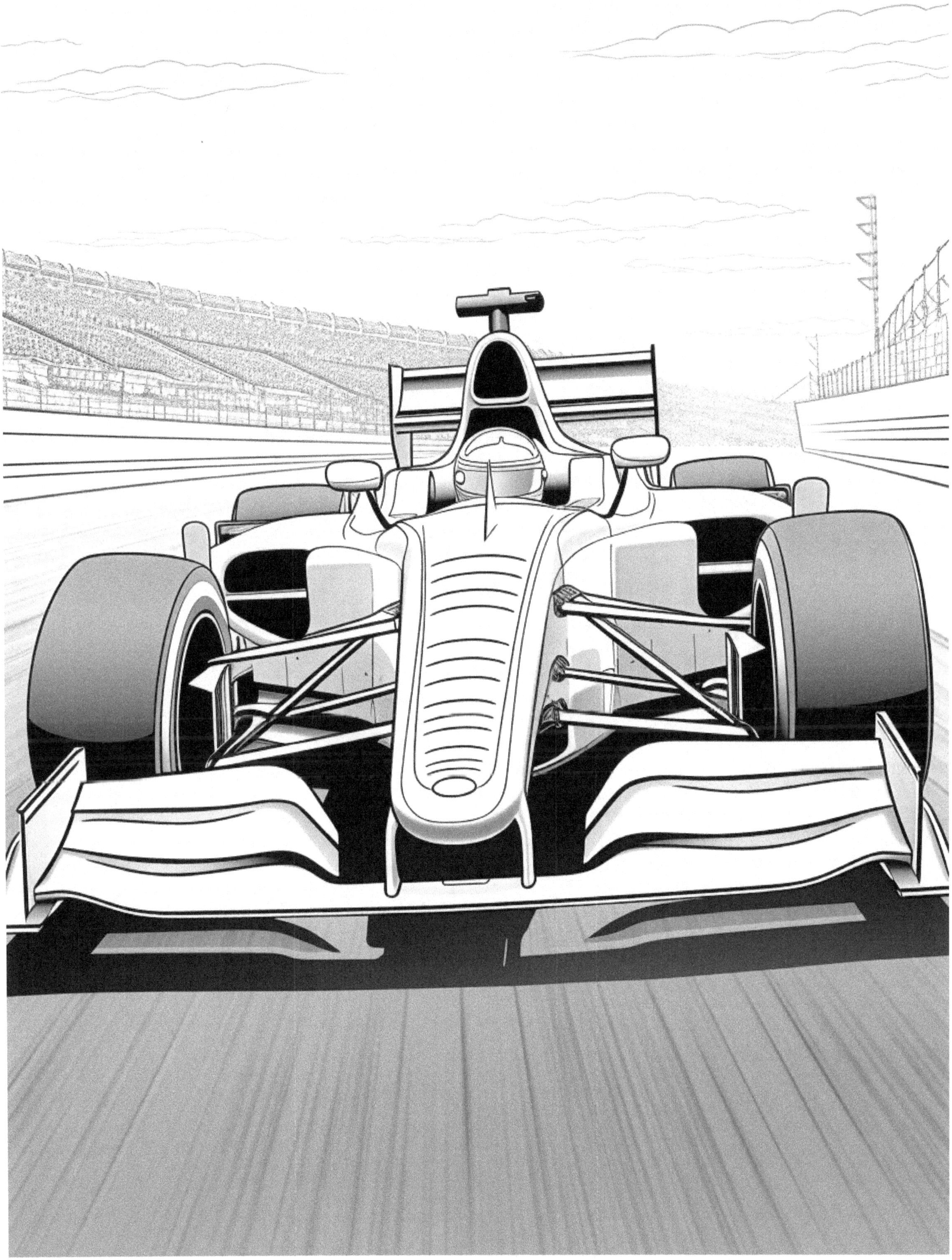

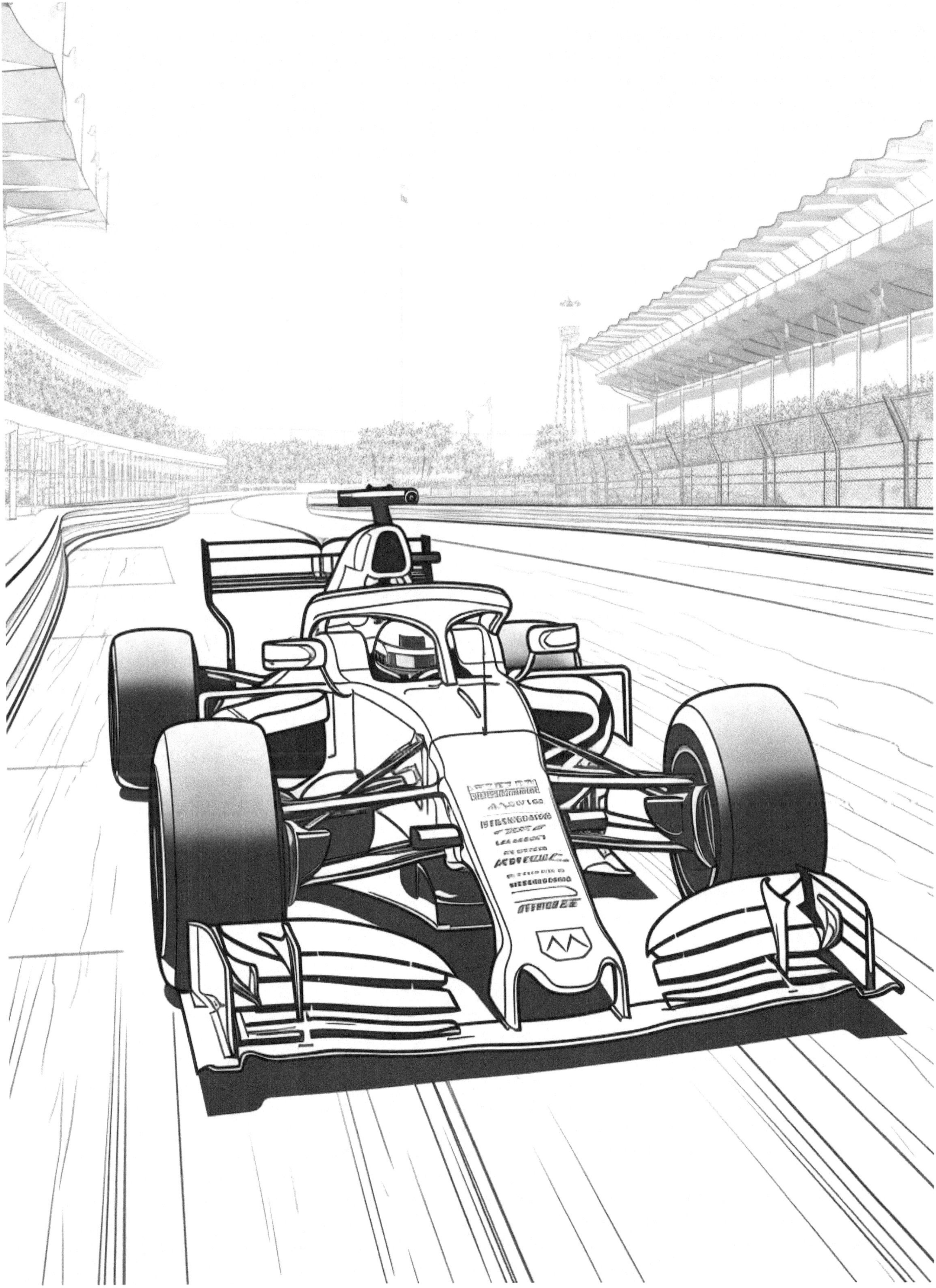

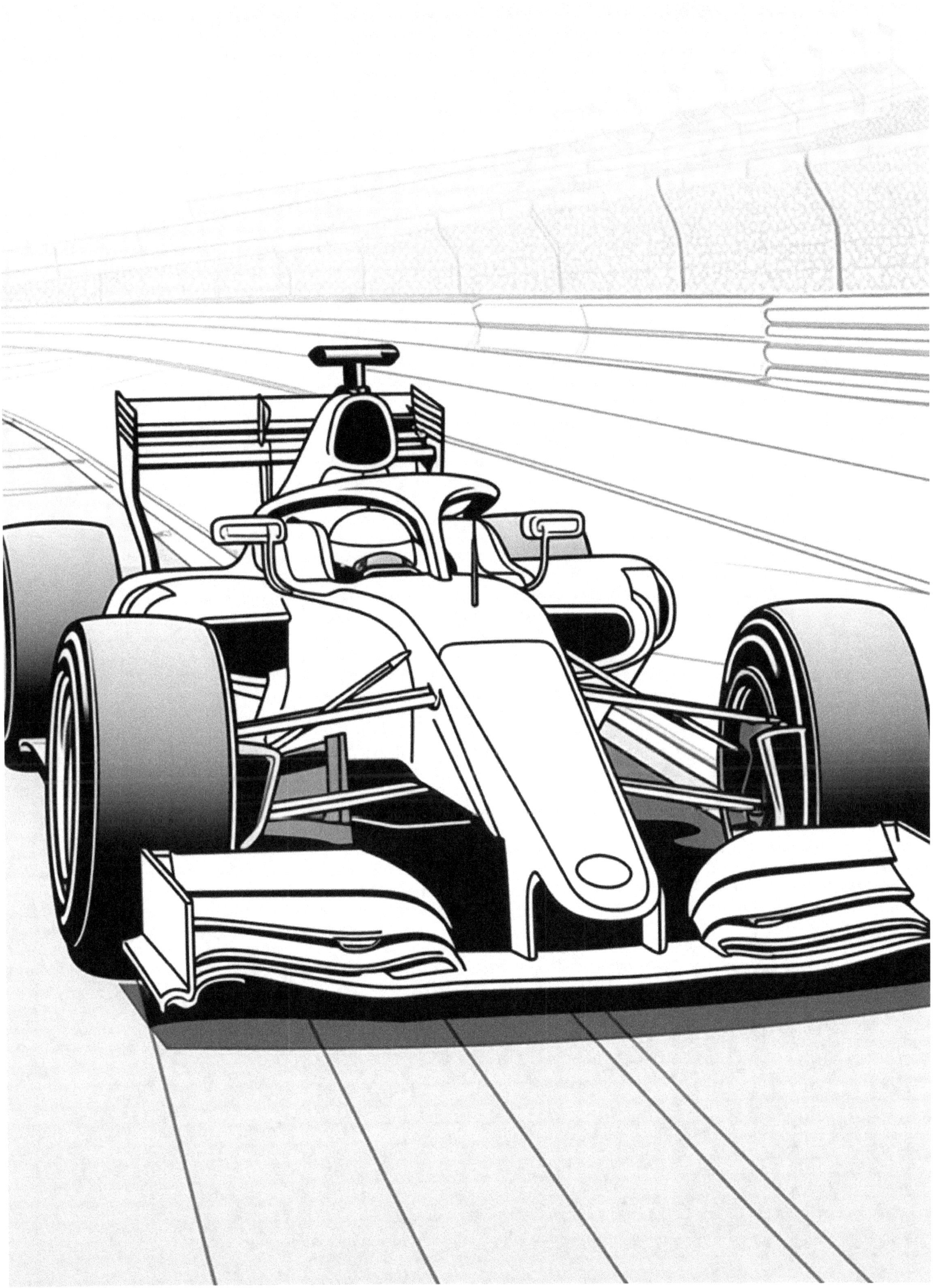

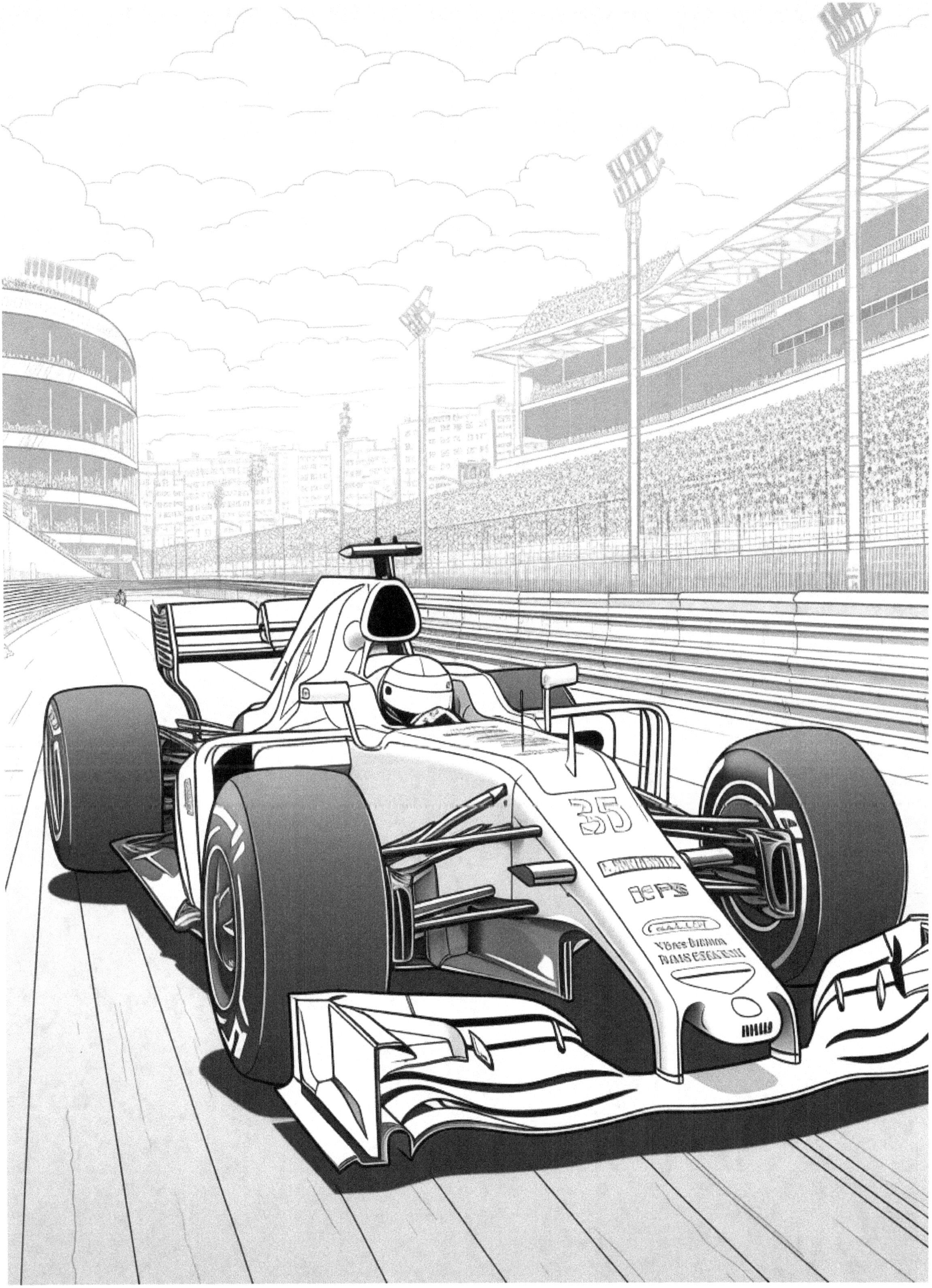
35

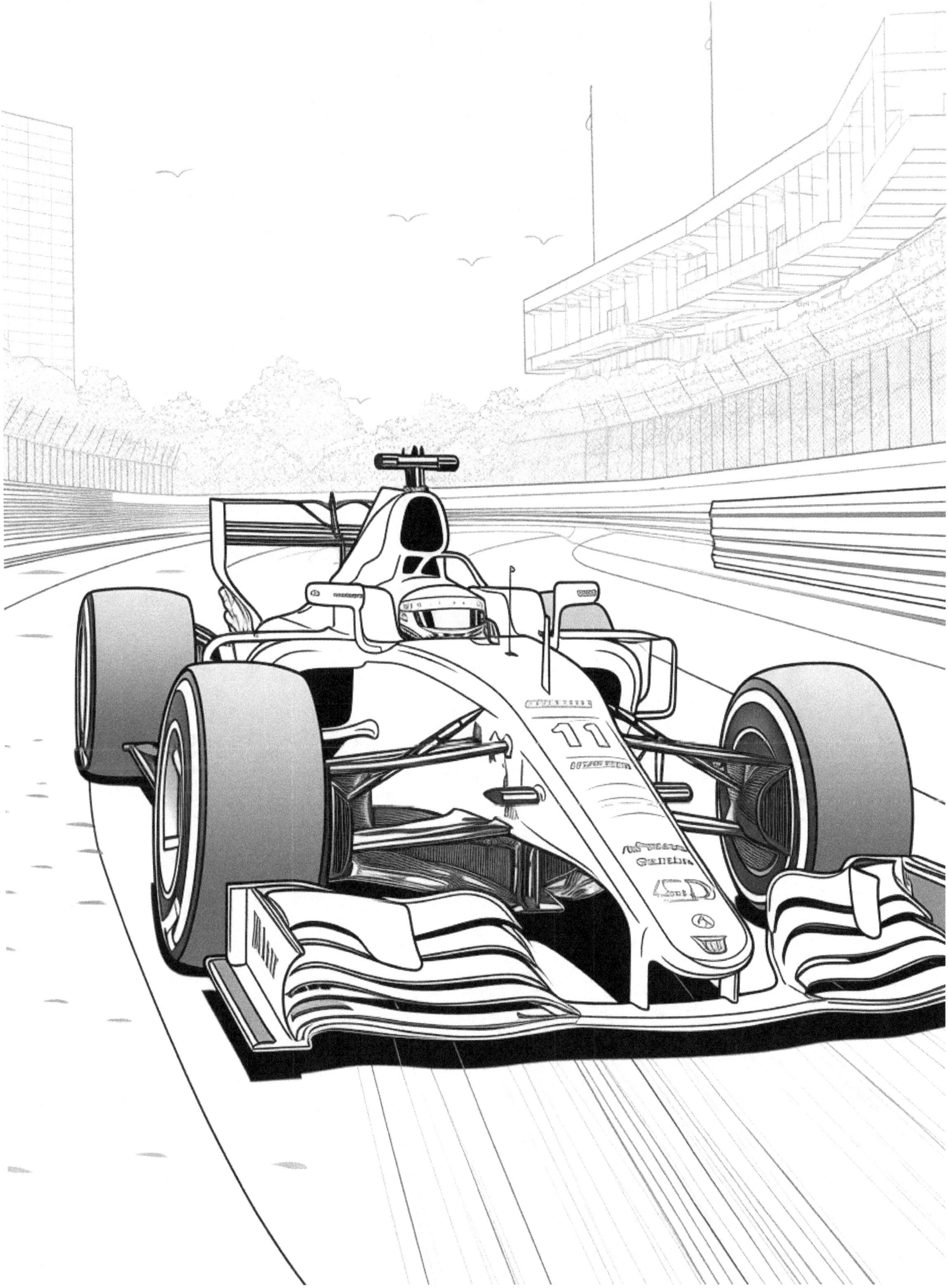
11

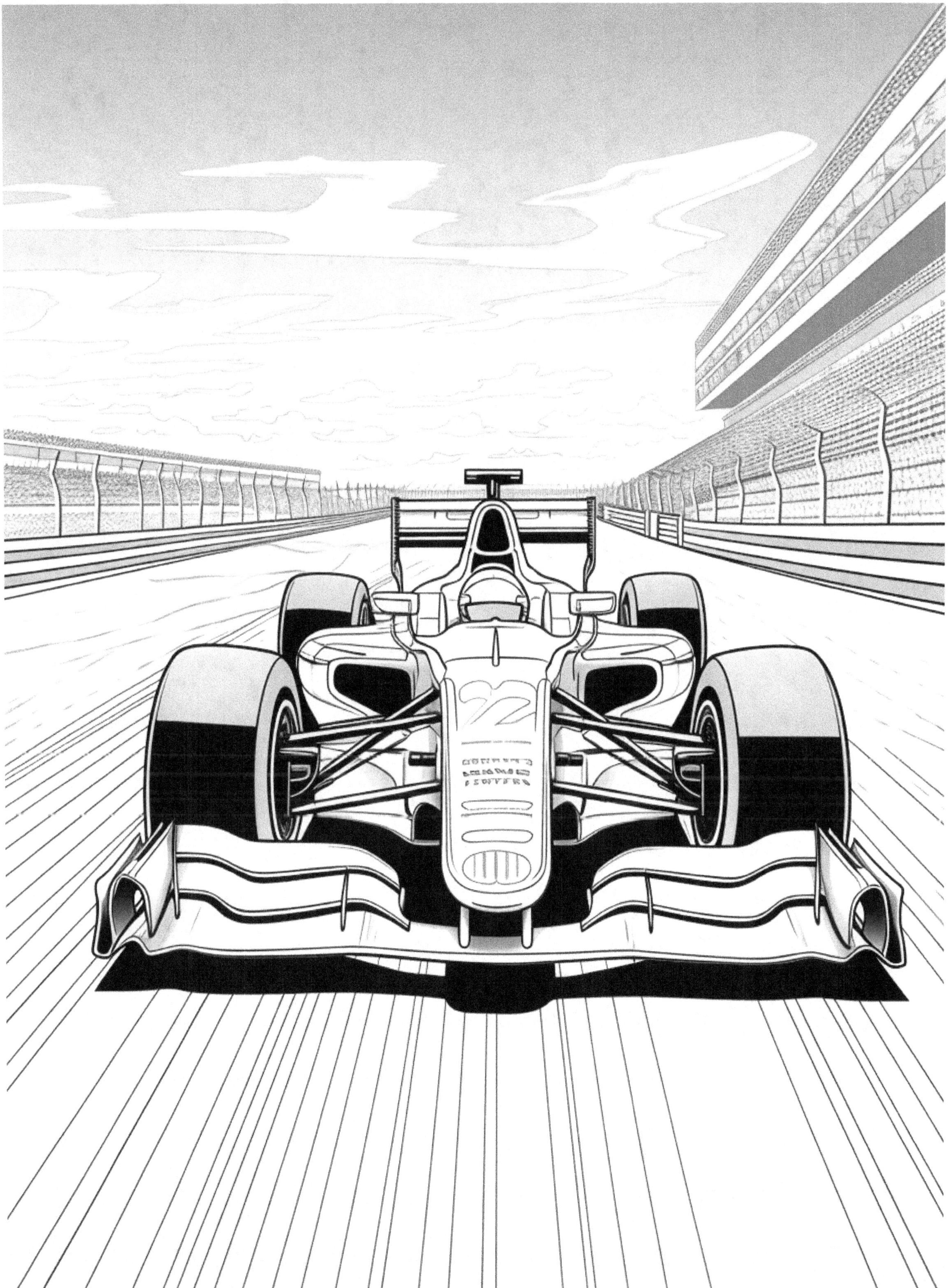

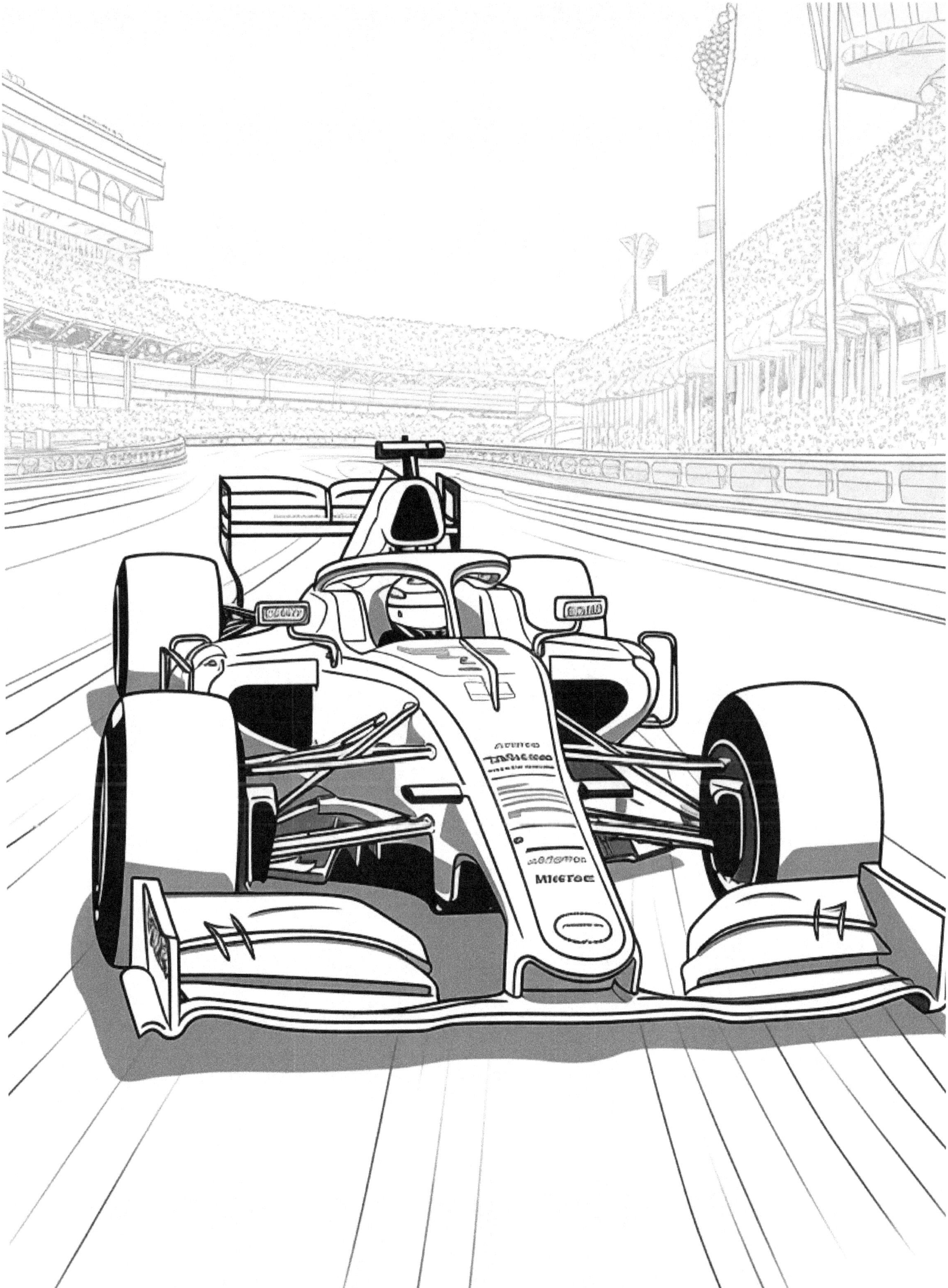

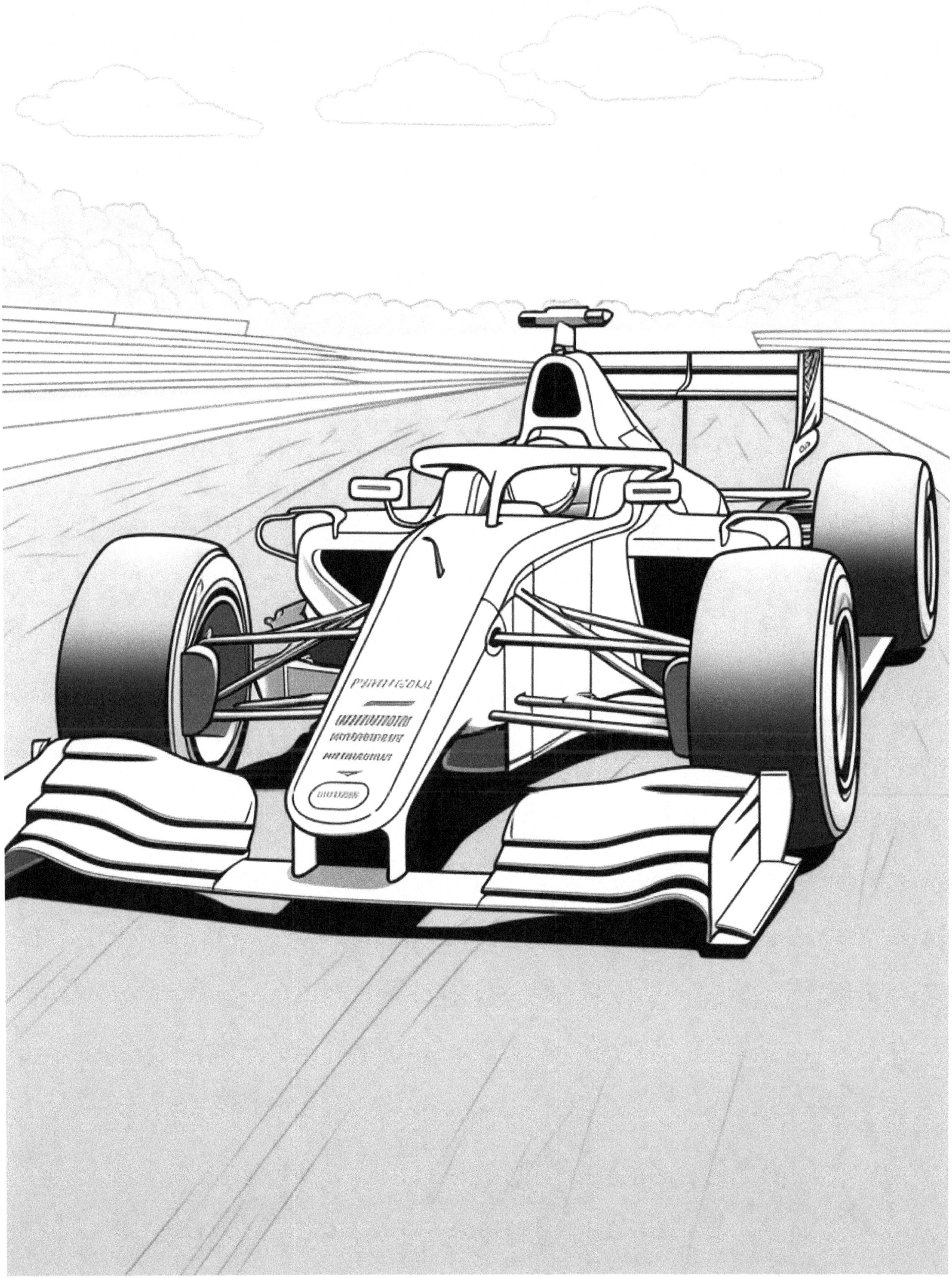

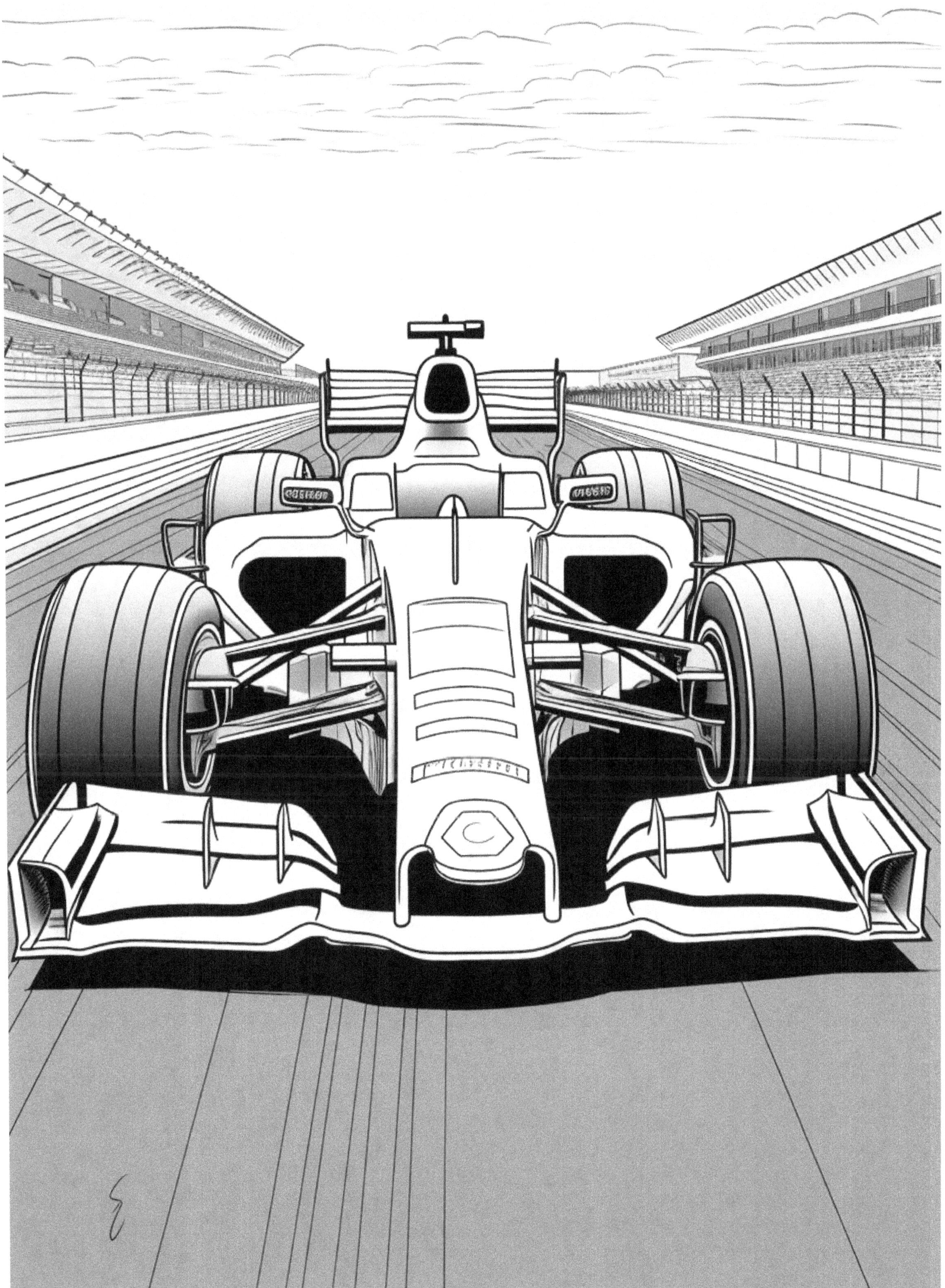

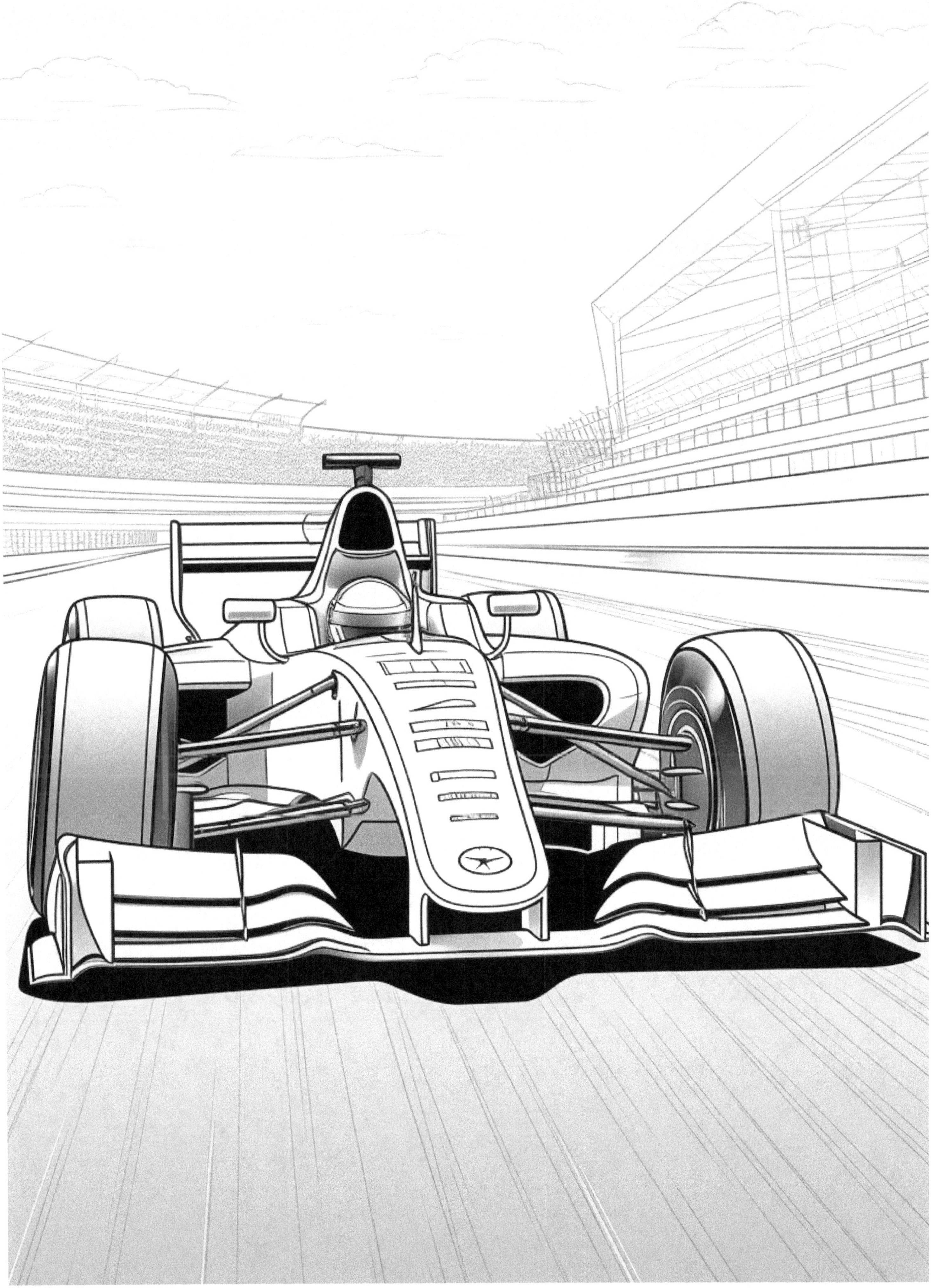

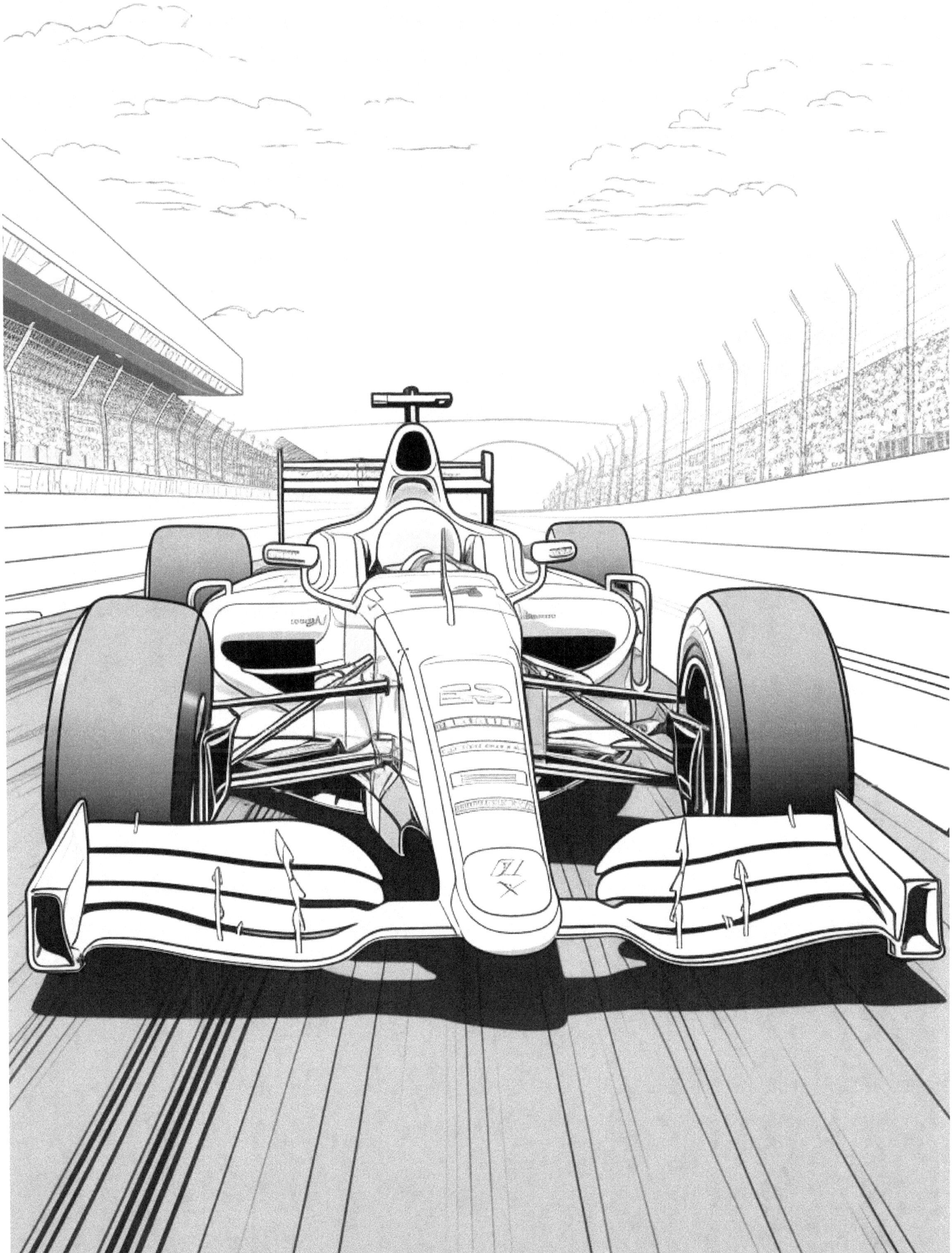

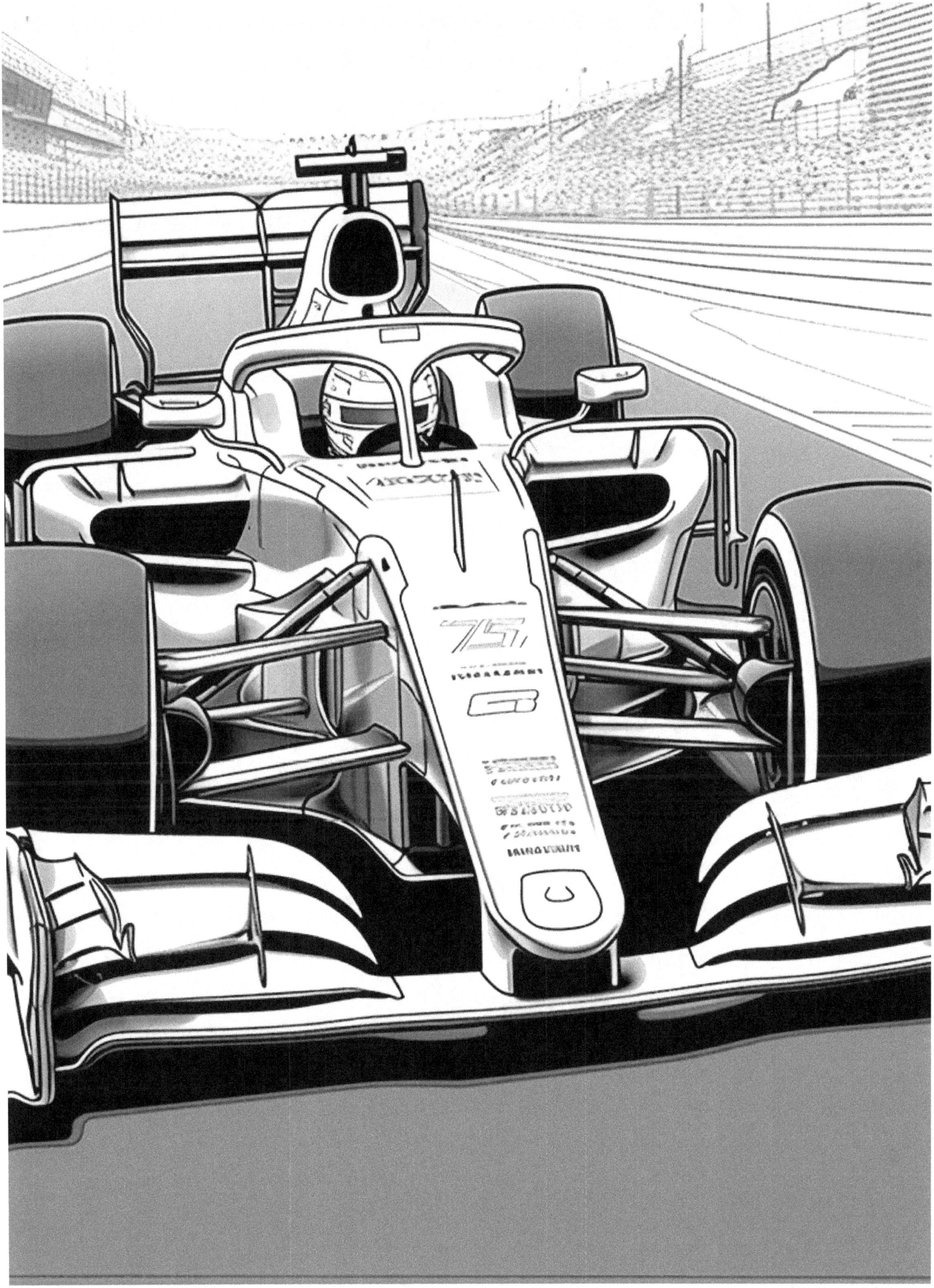

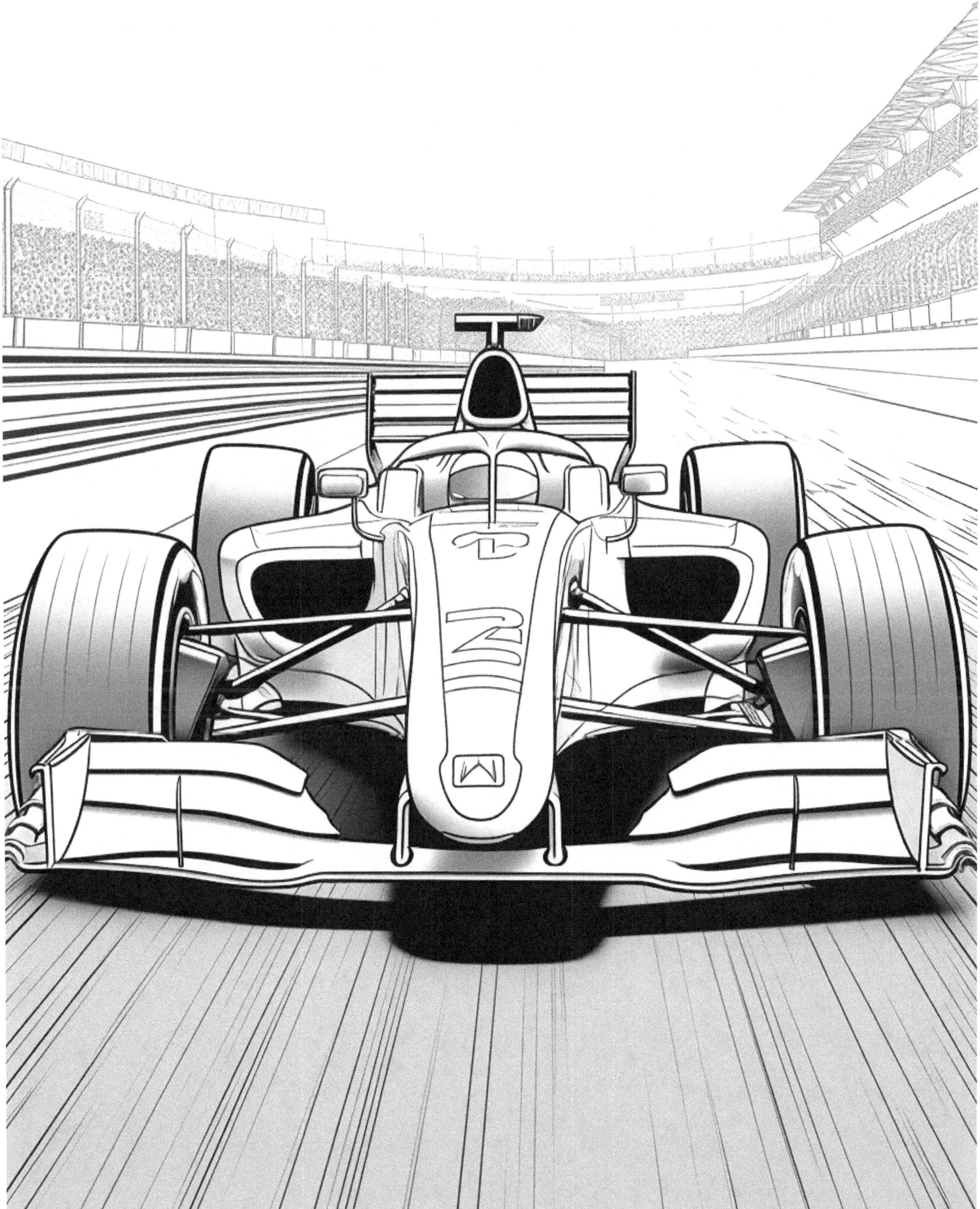

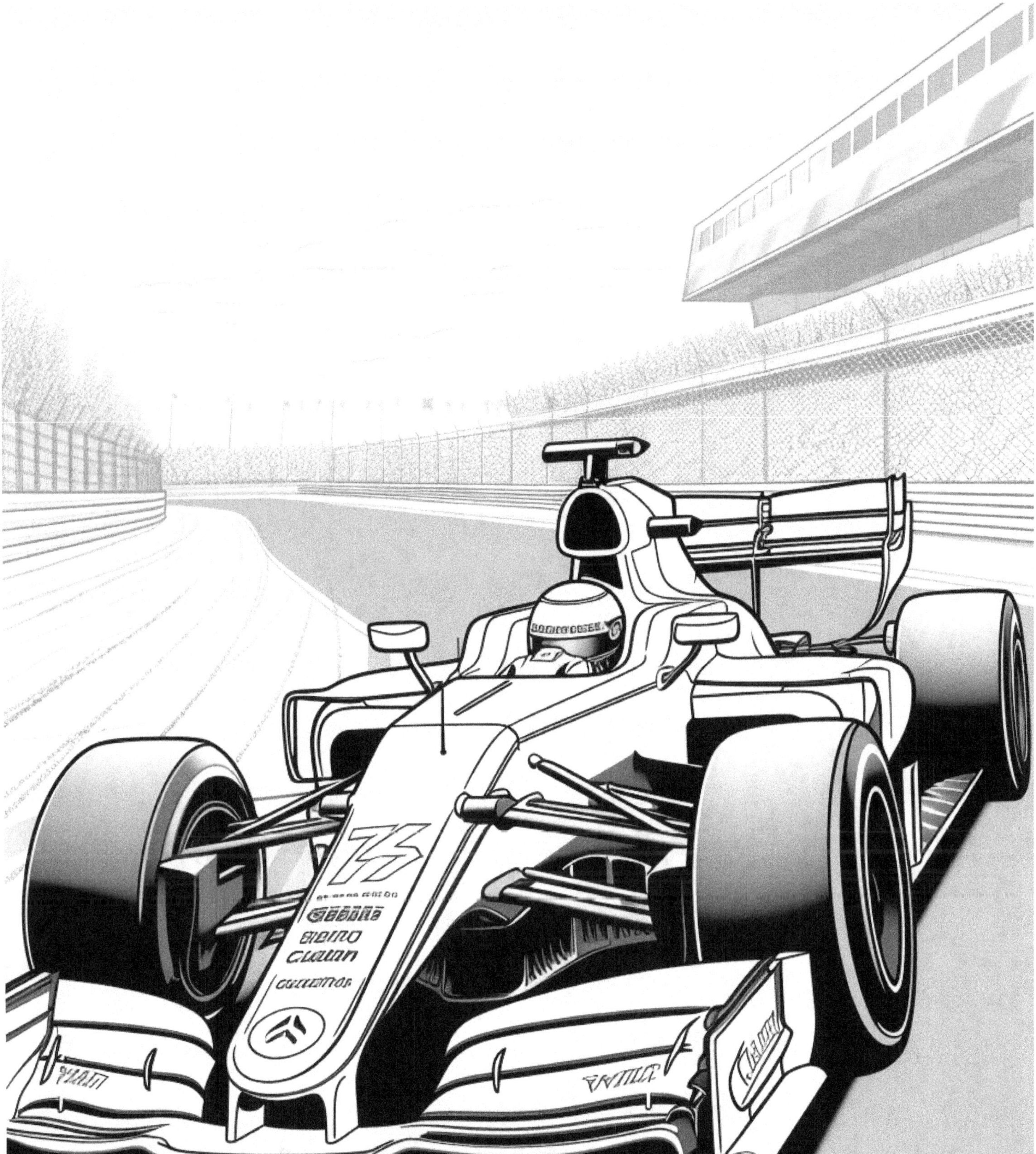

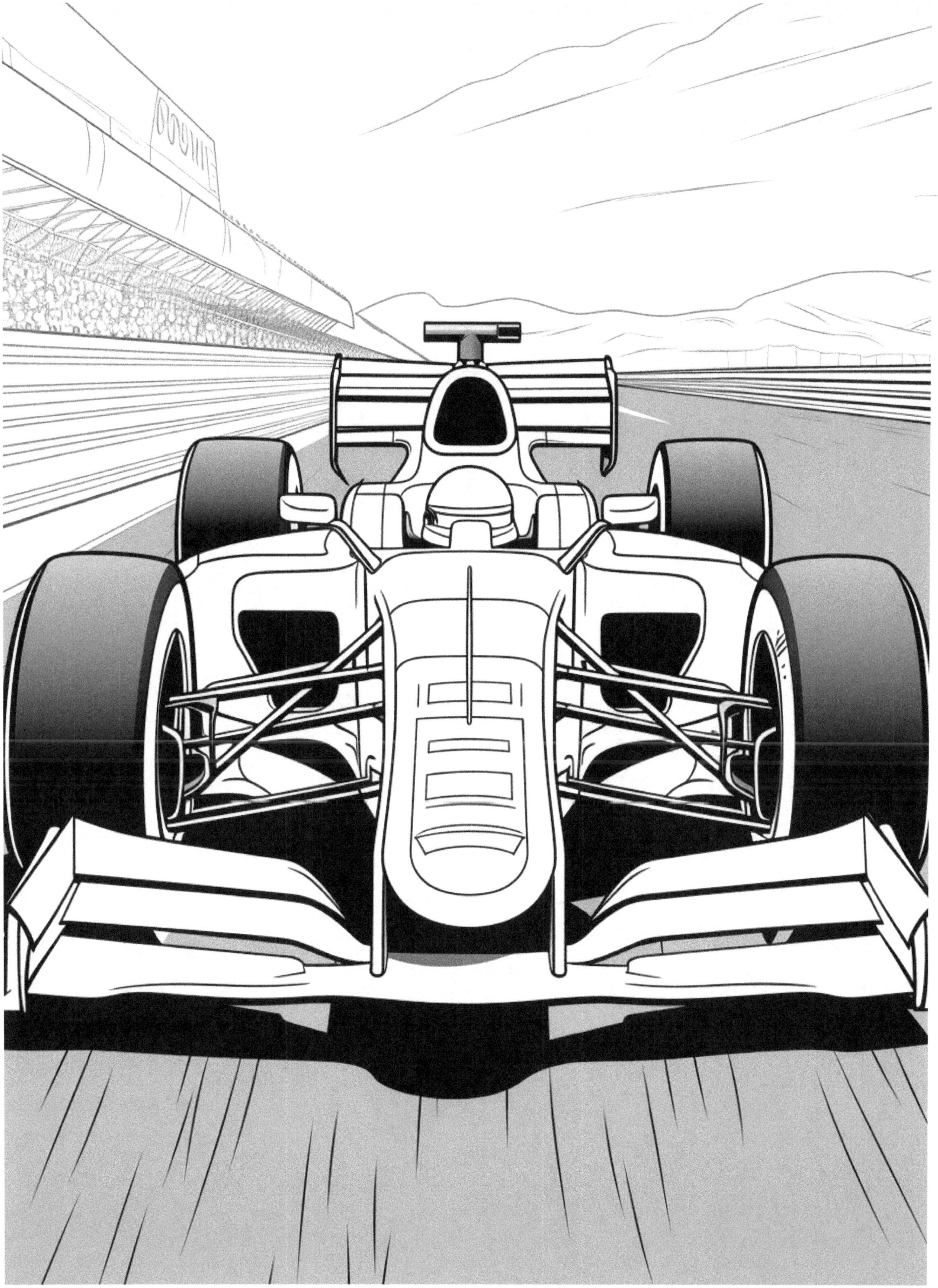

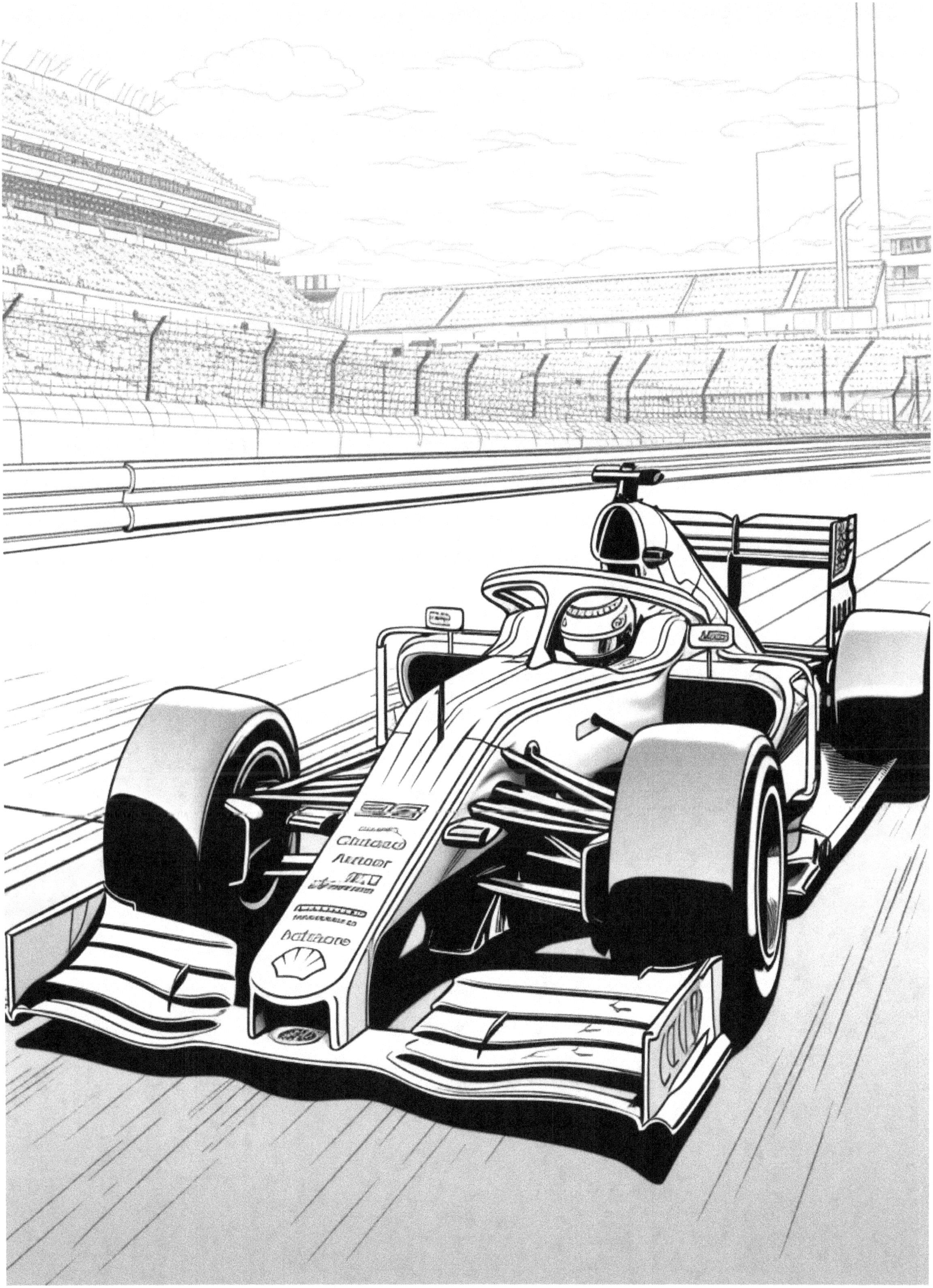

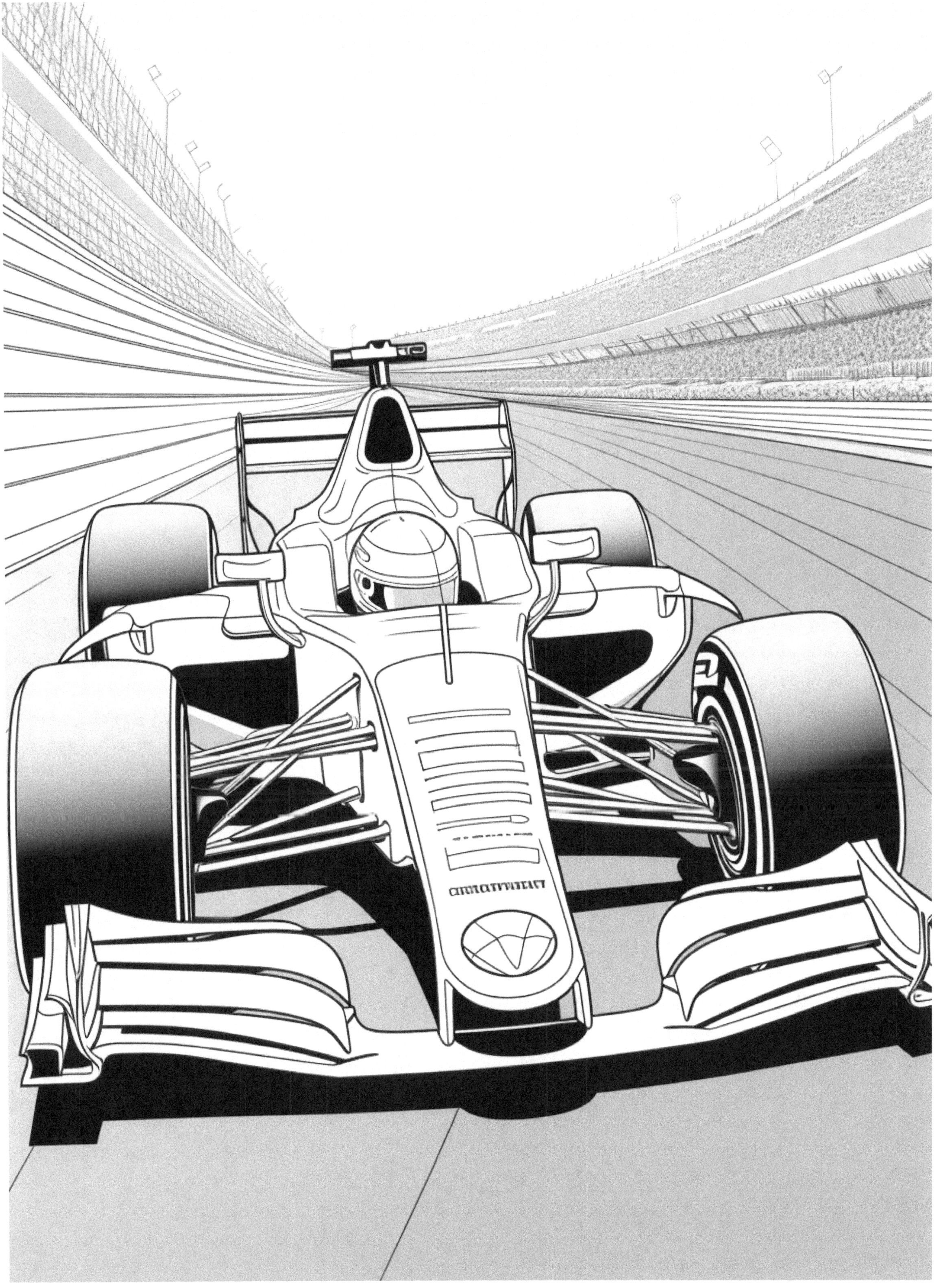

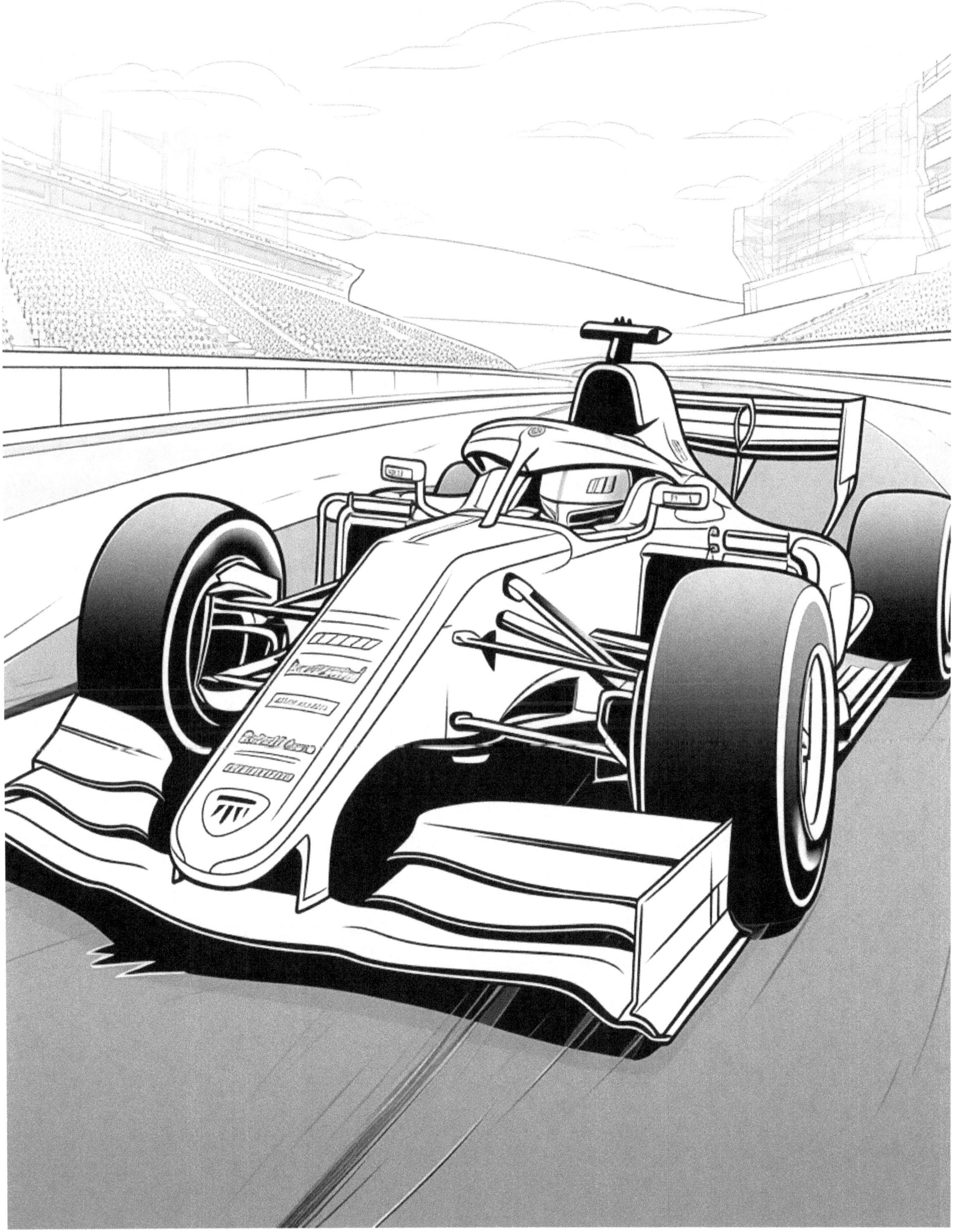

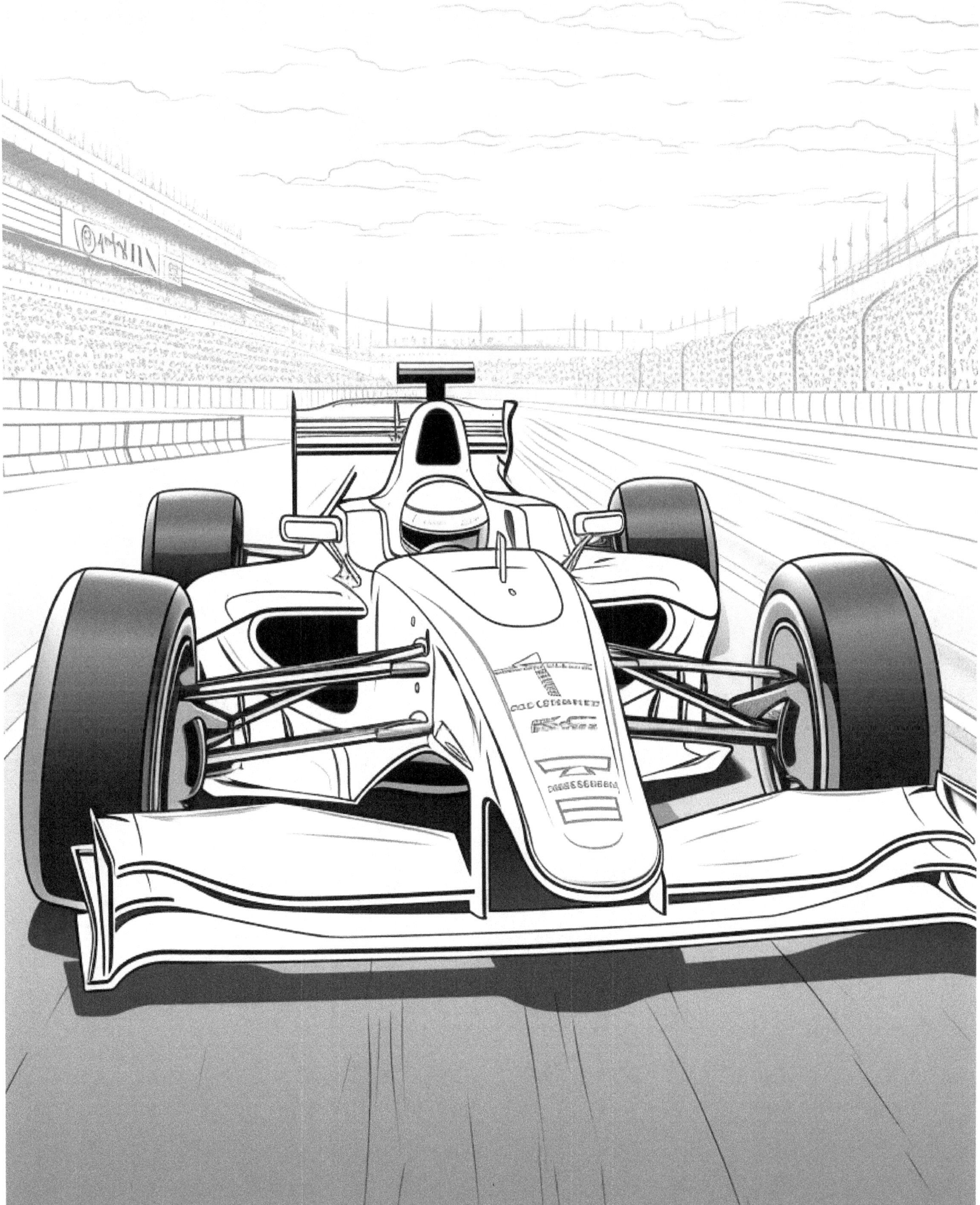

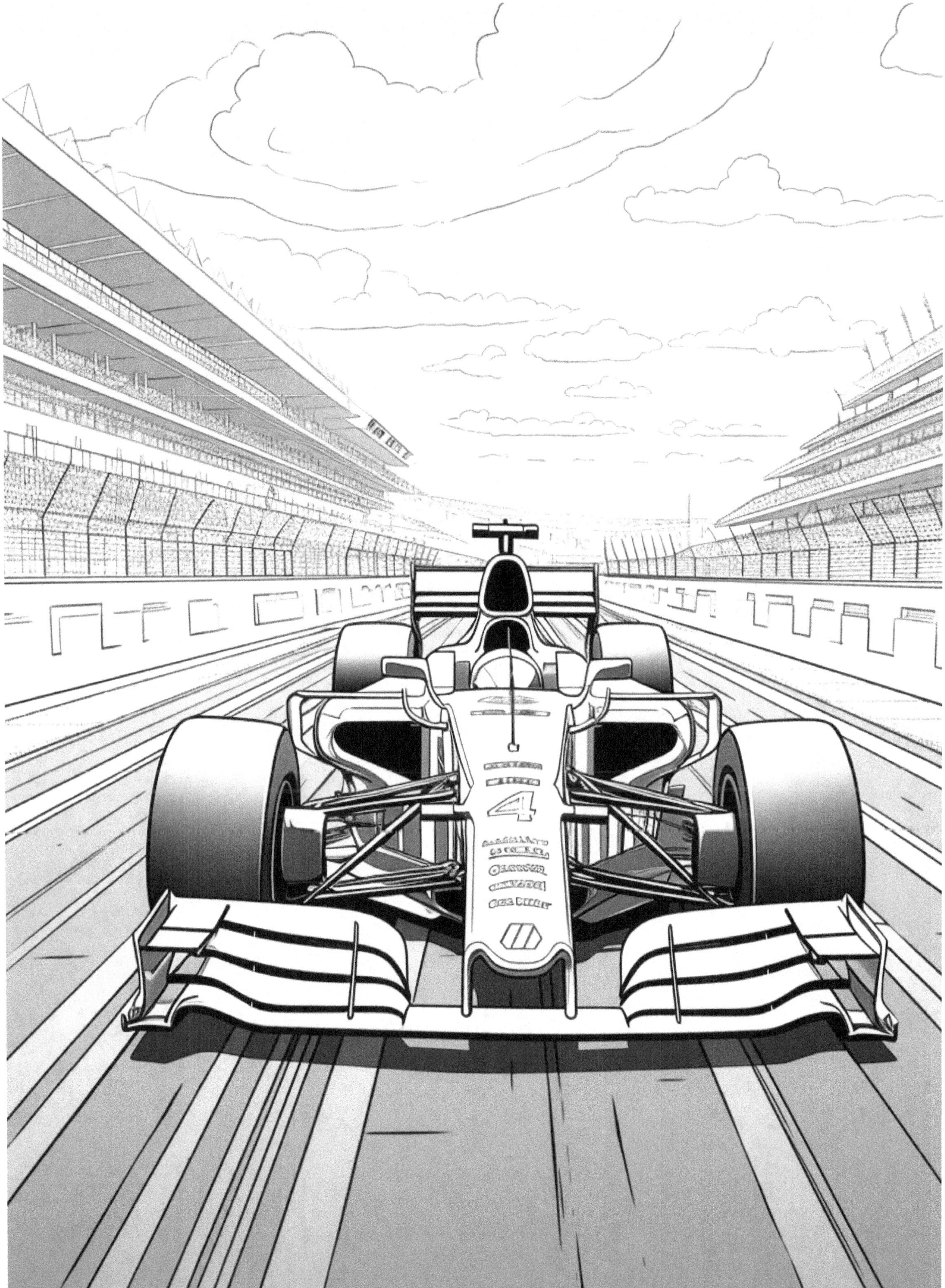
4

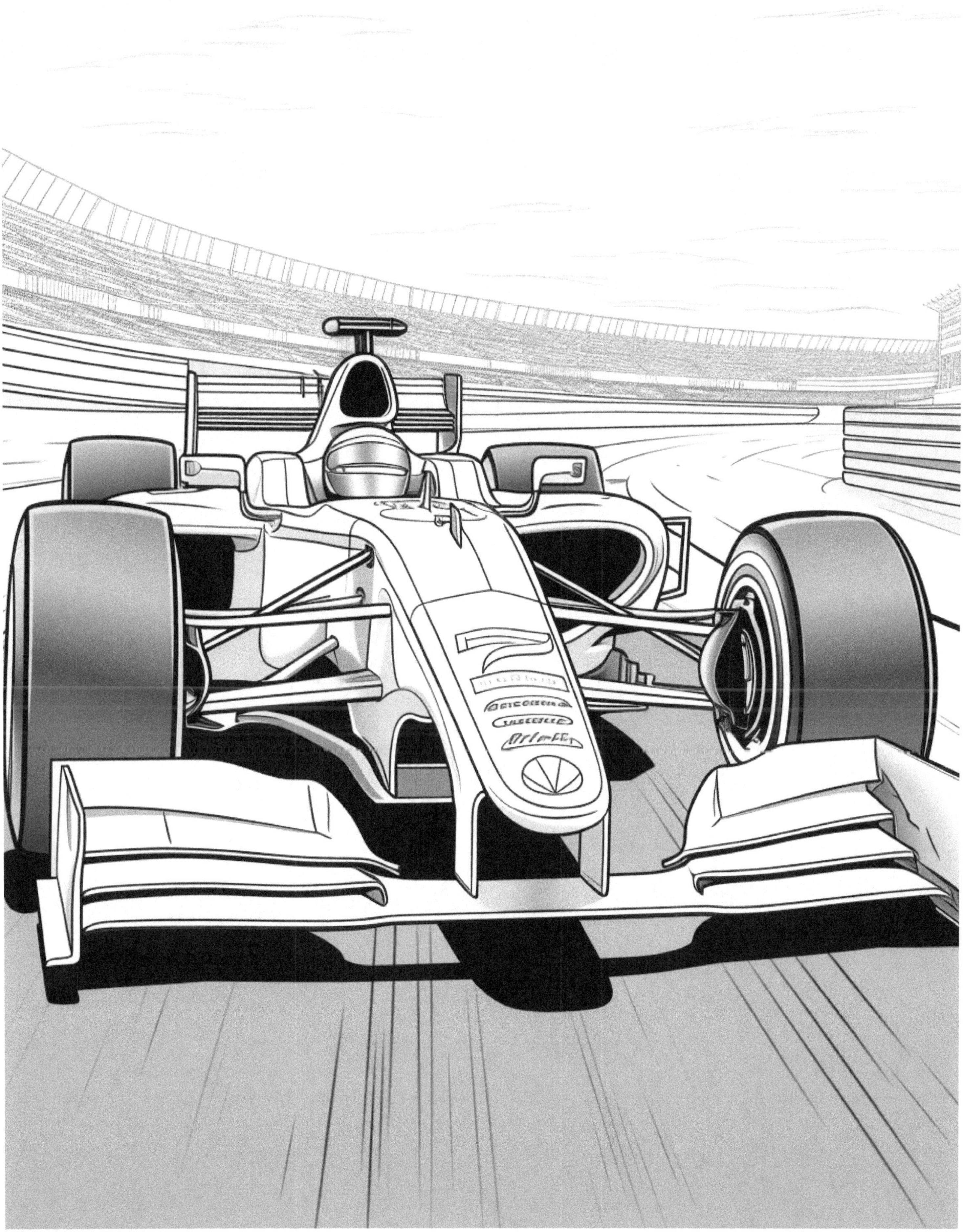

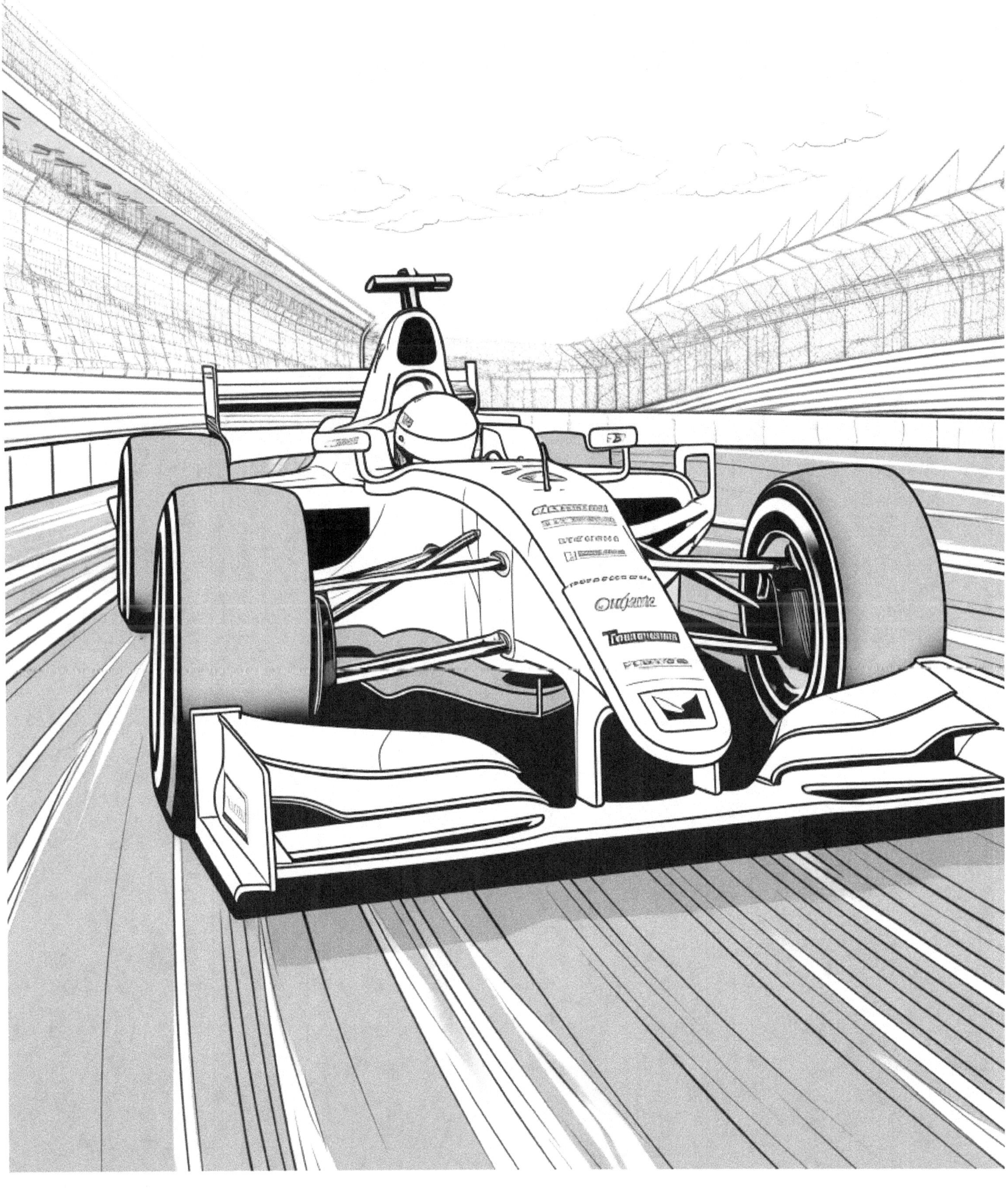

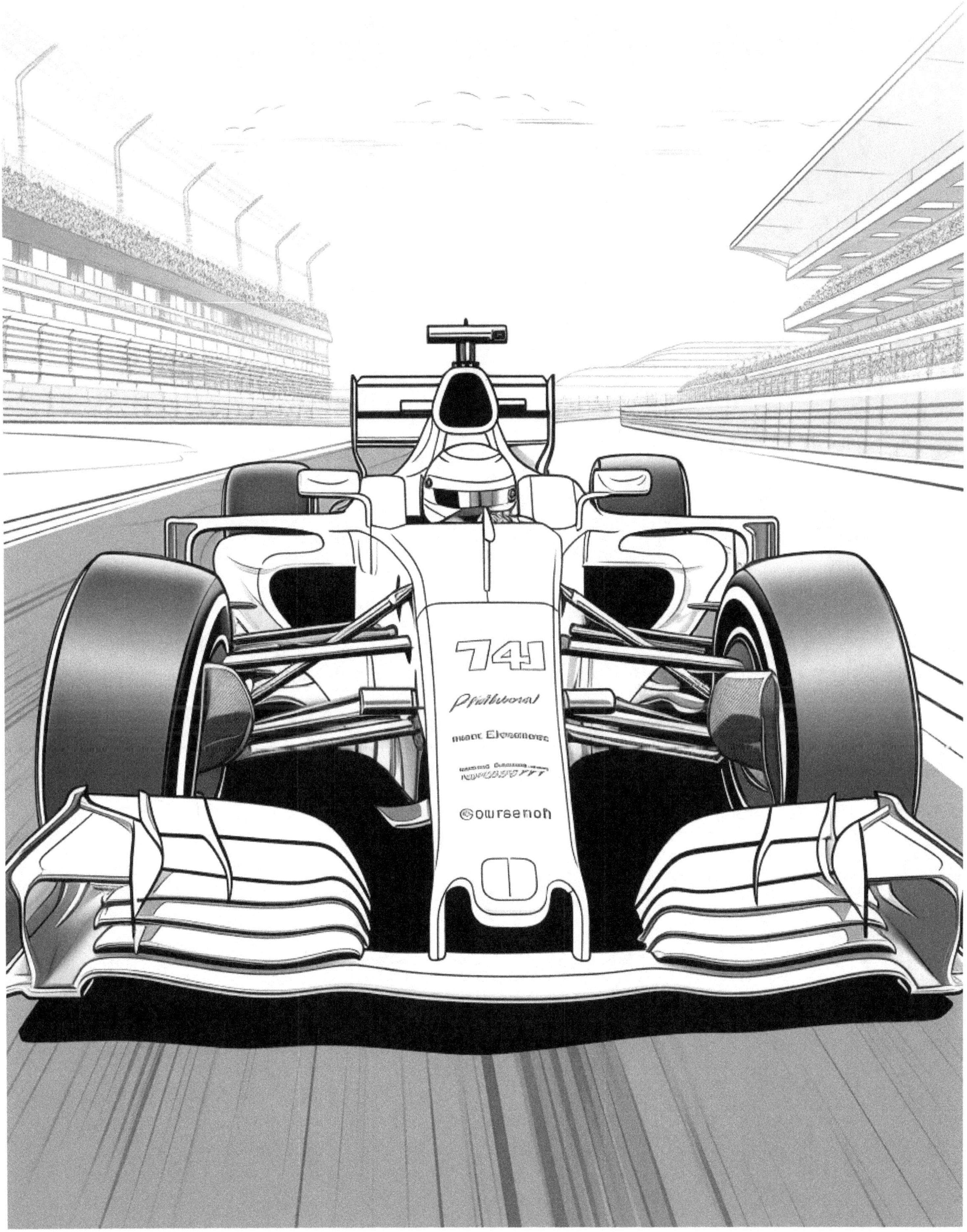

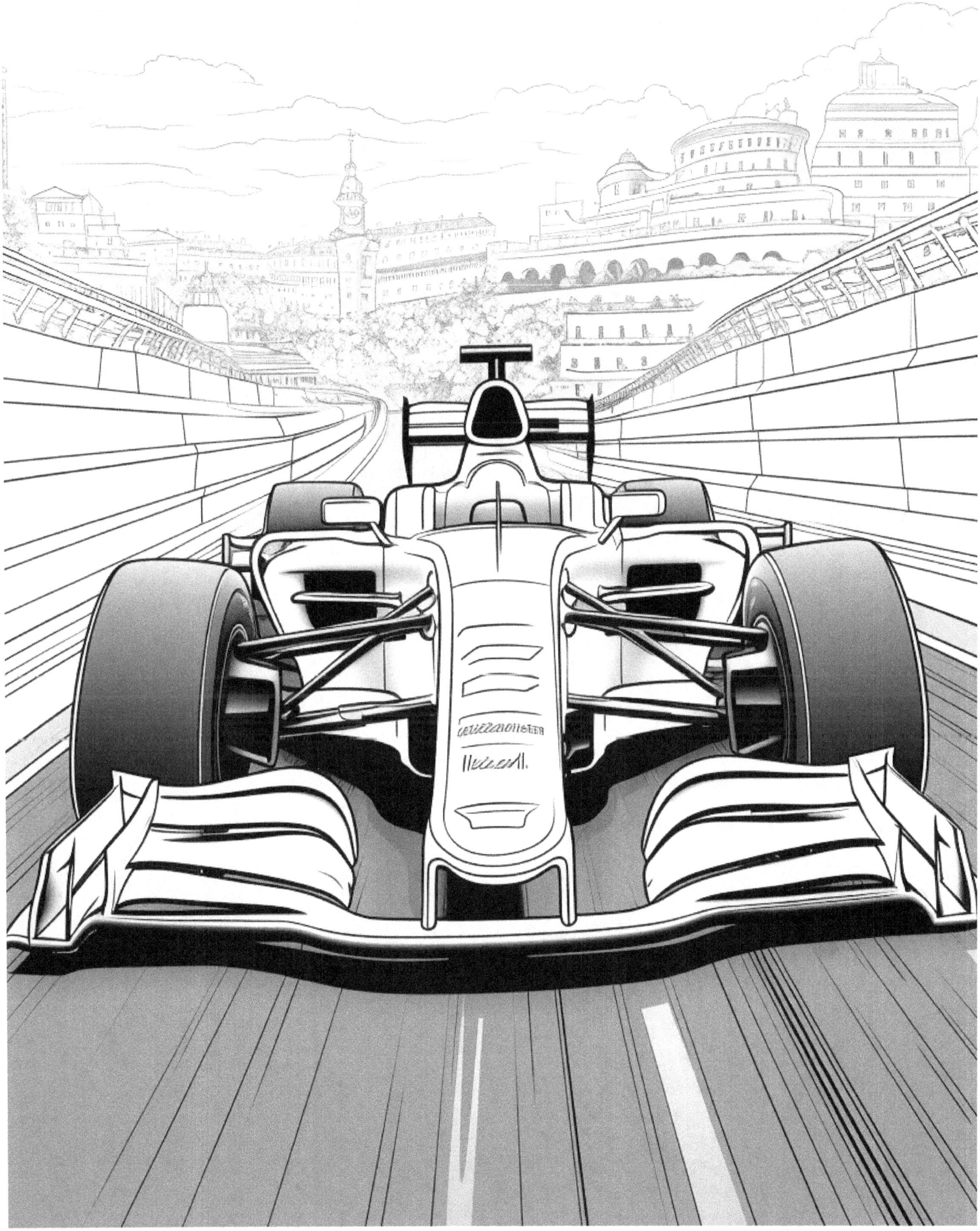

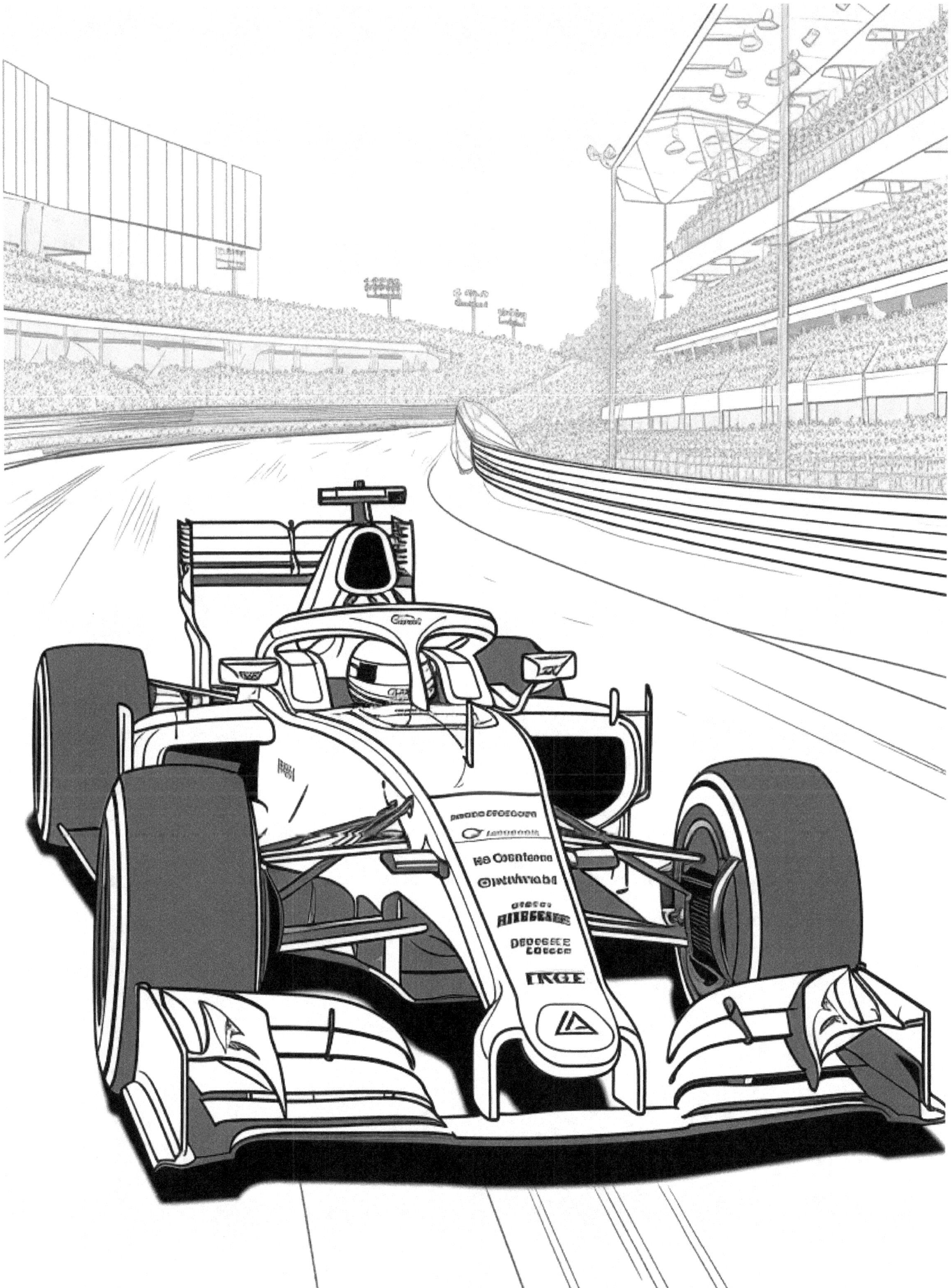

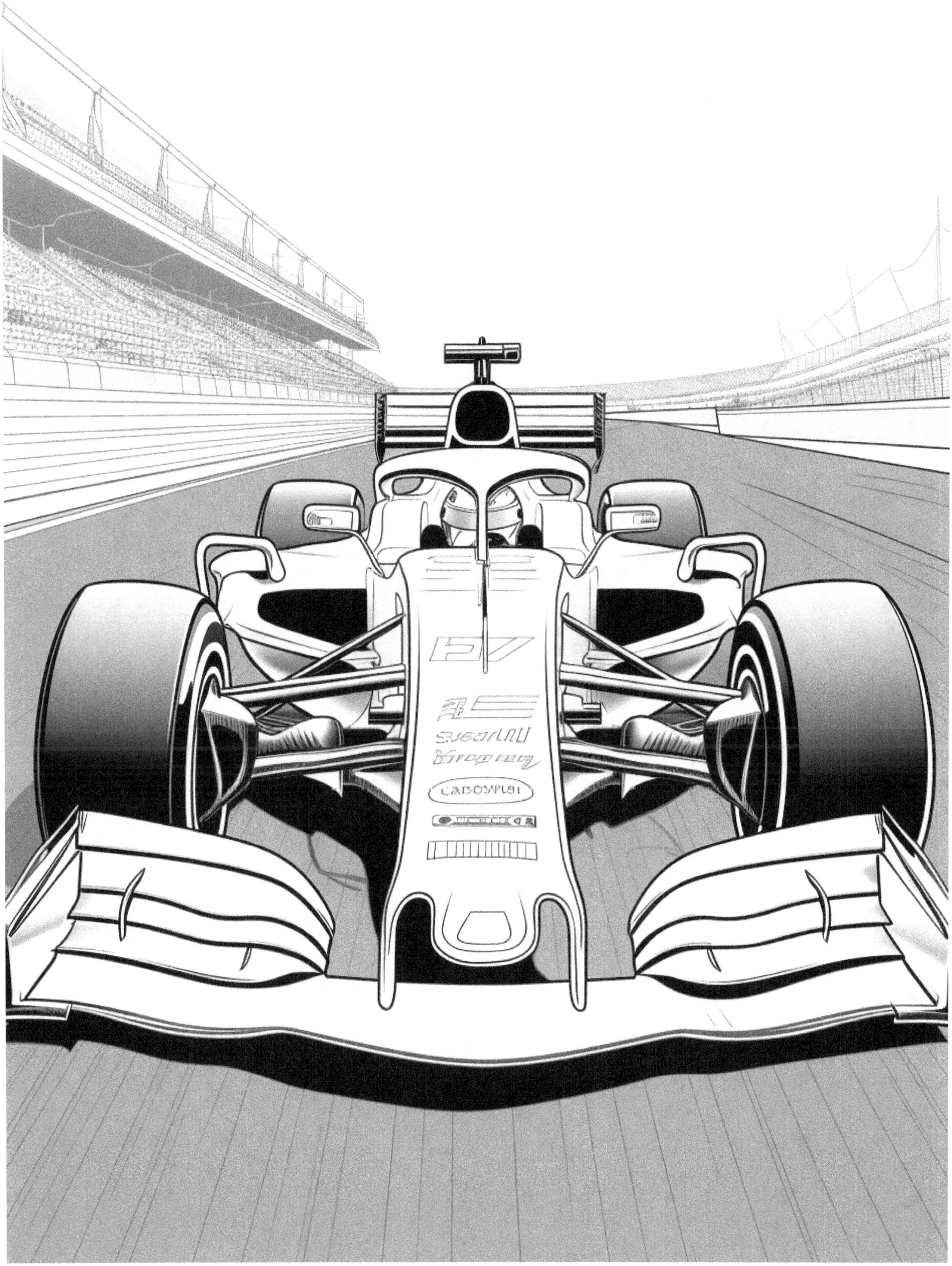

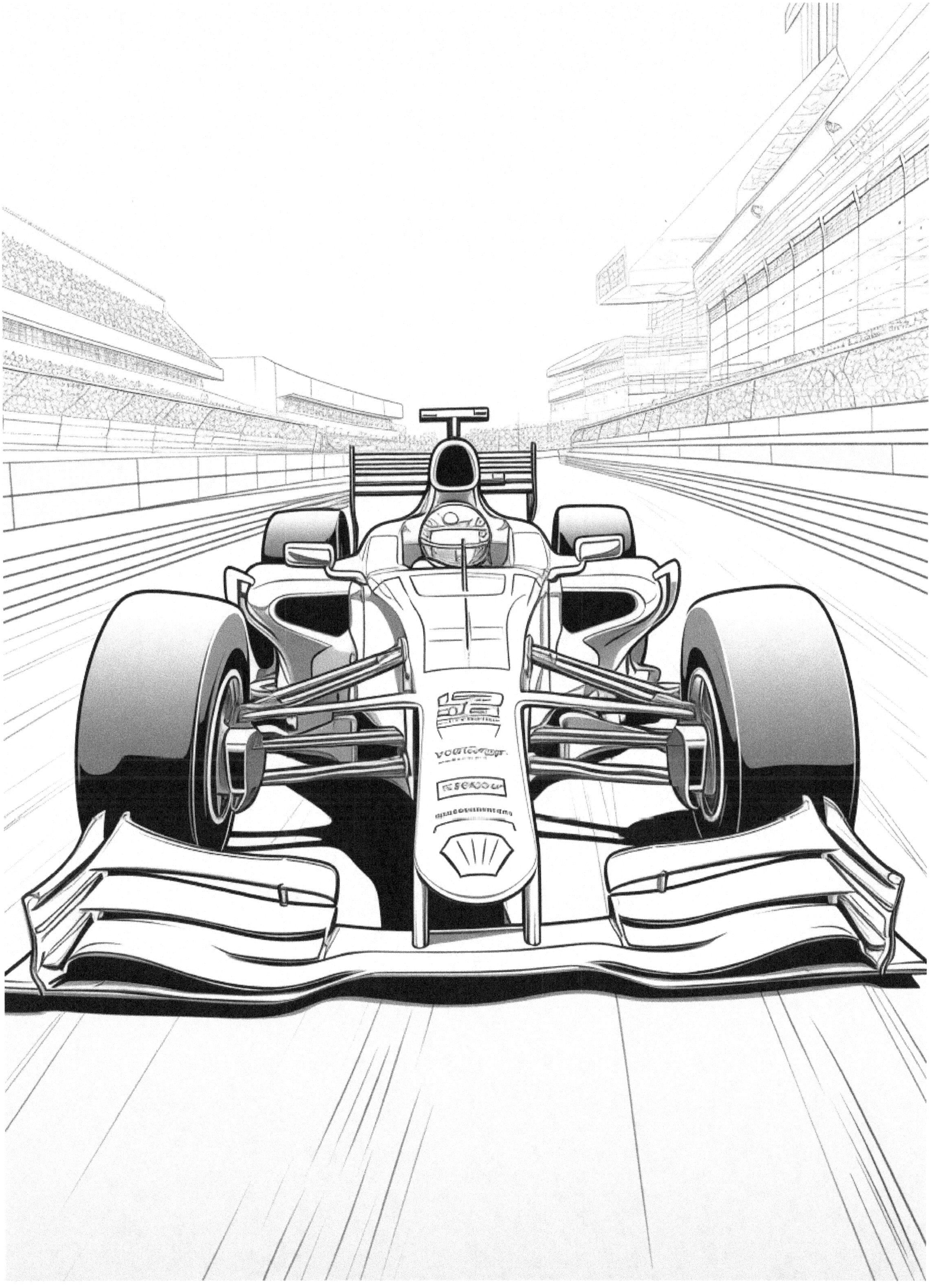

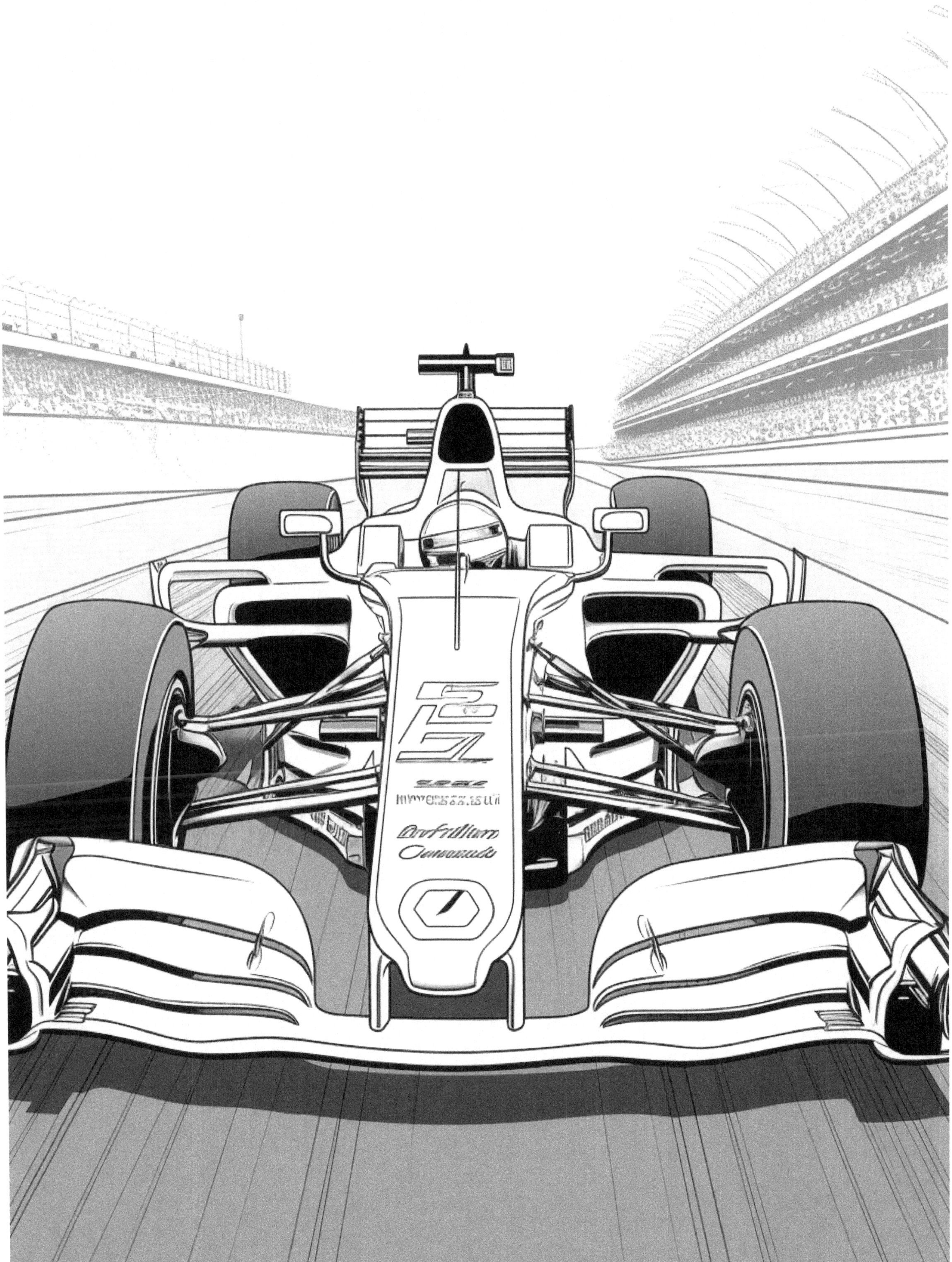

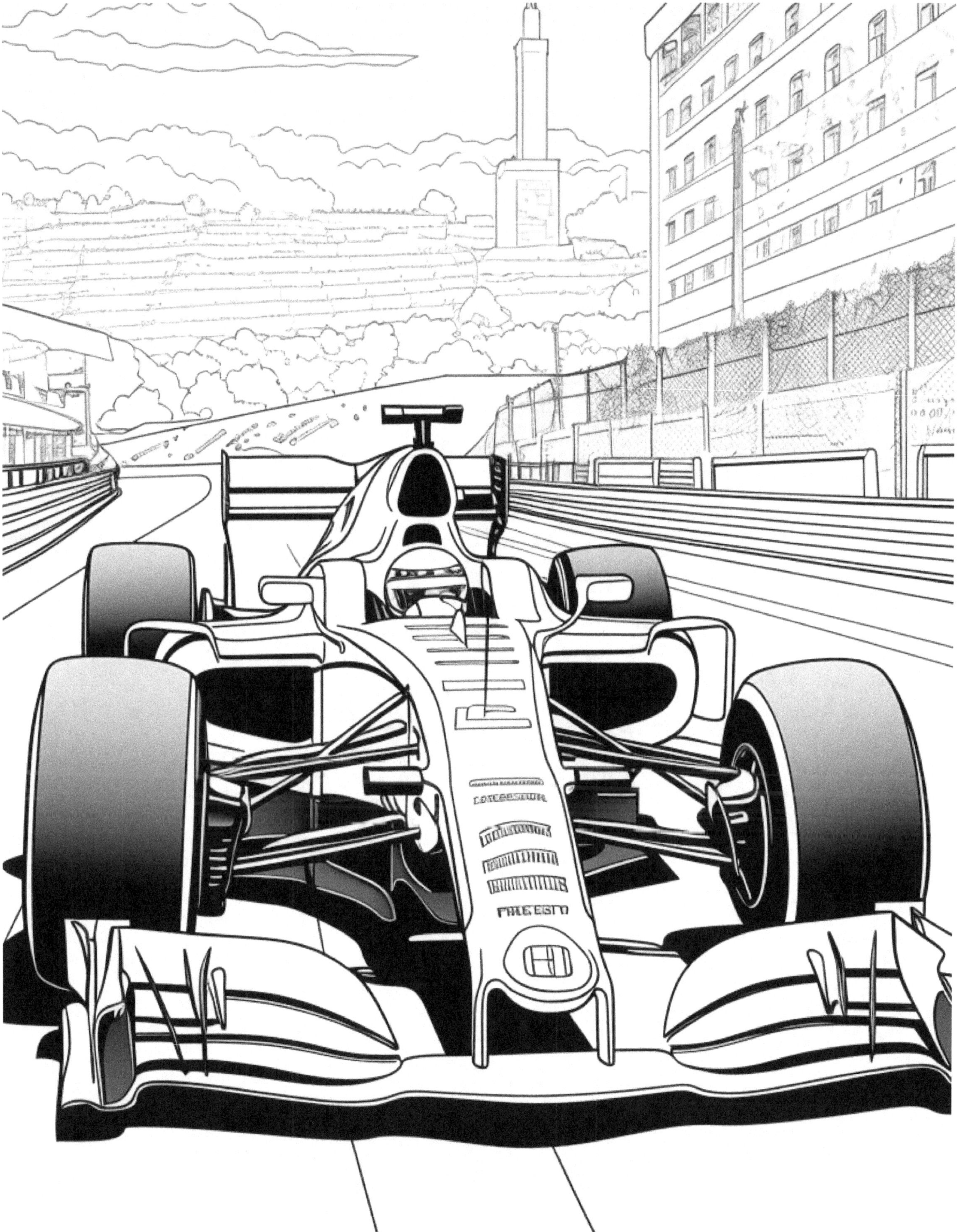

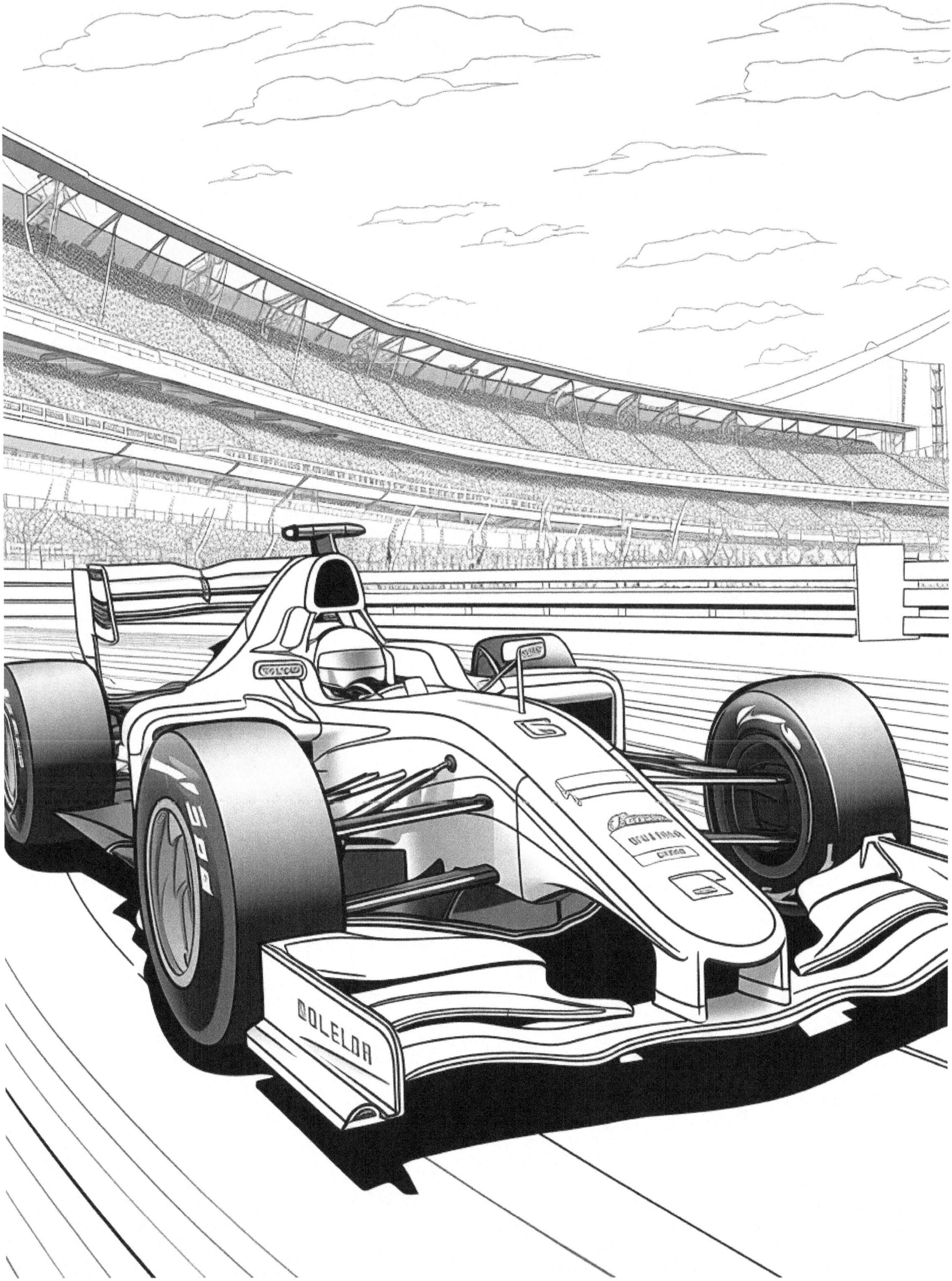

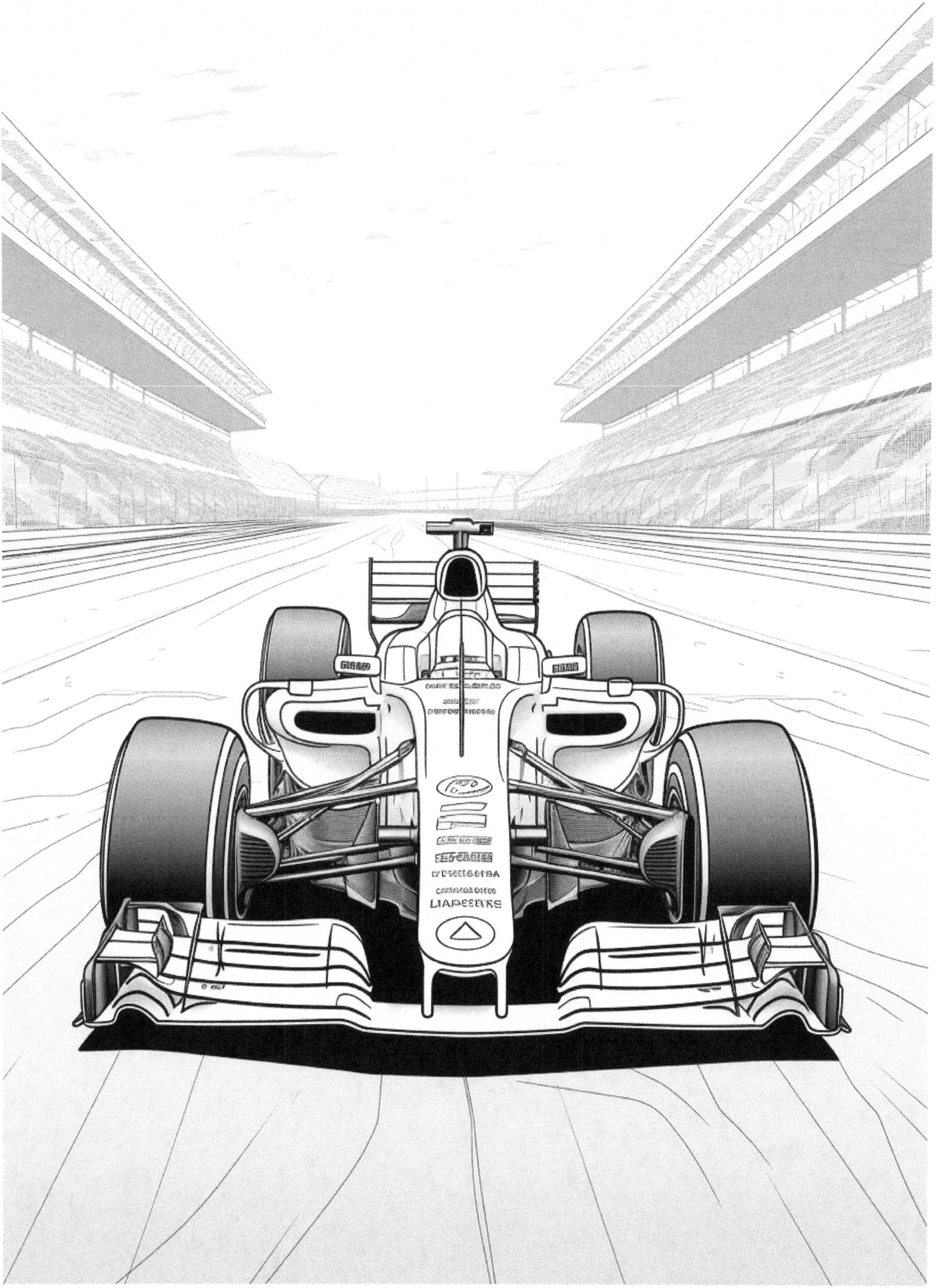

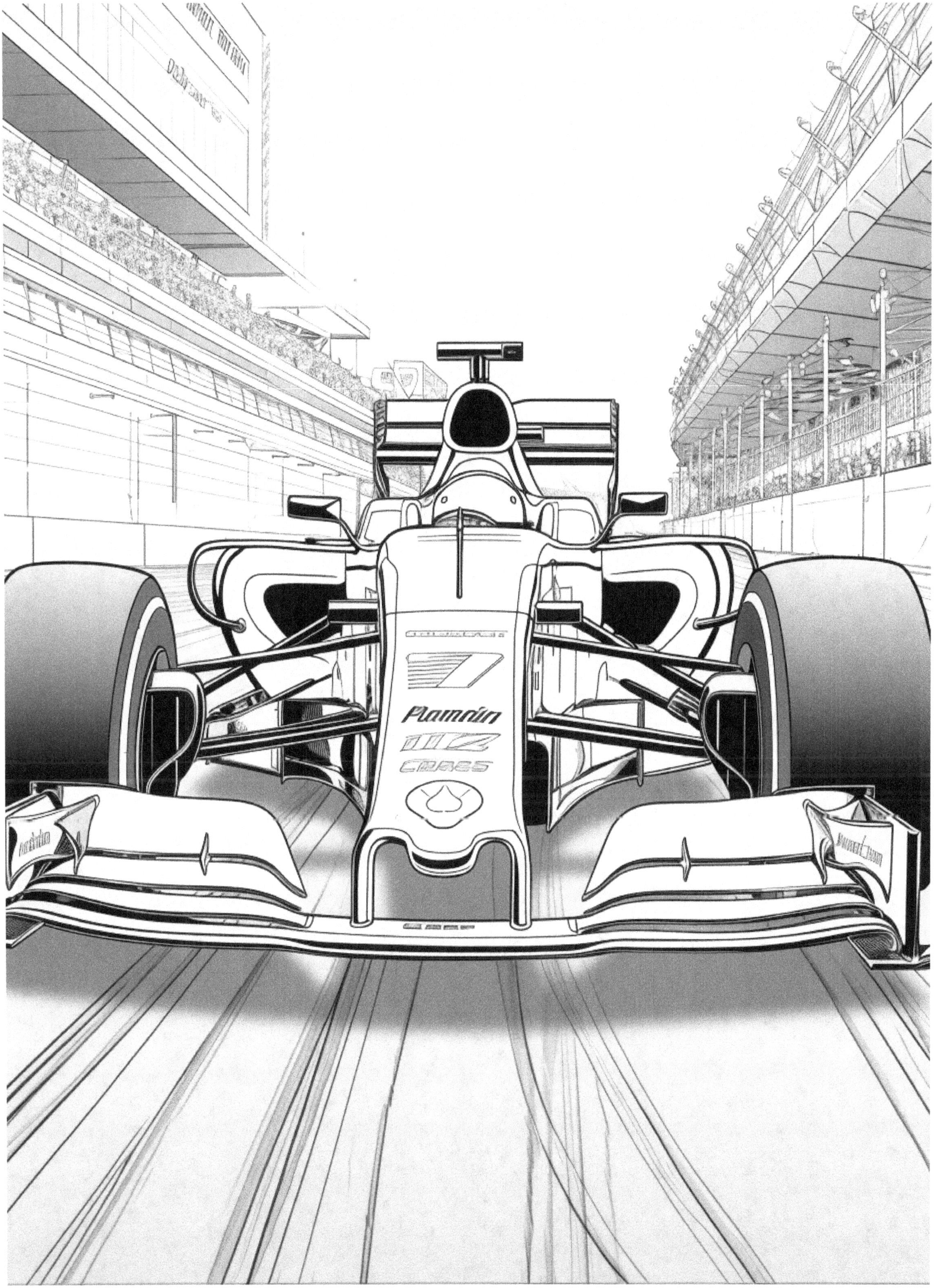

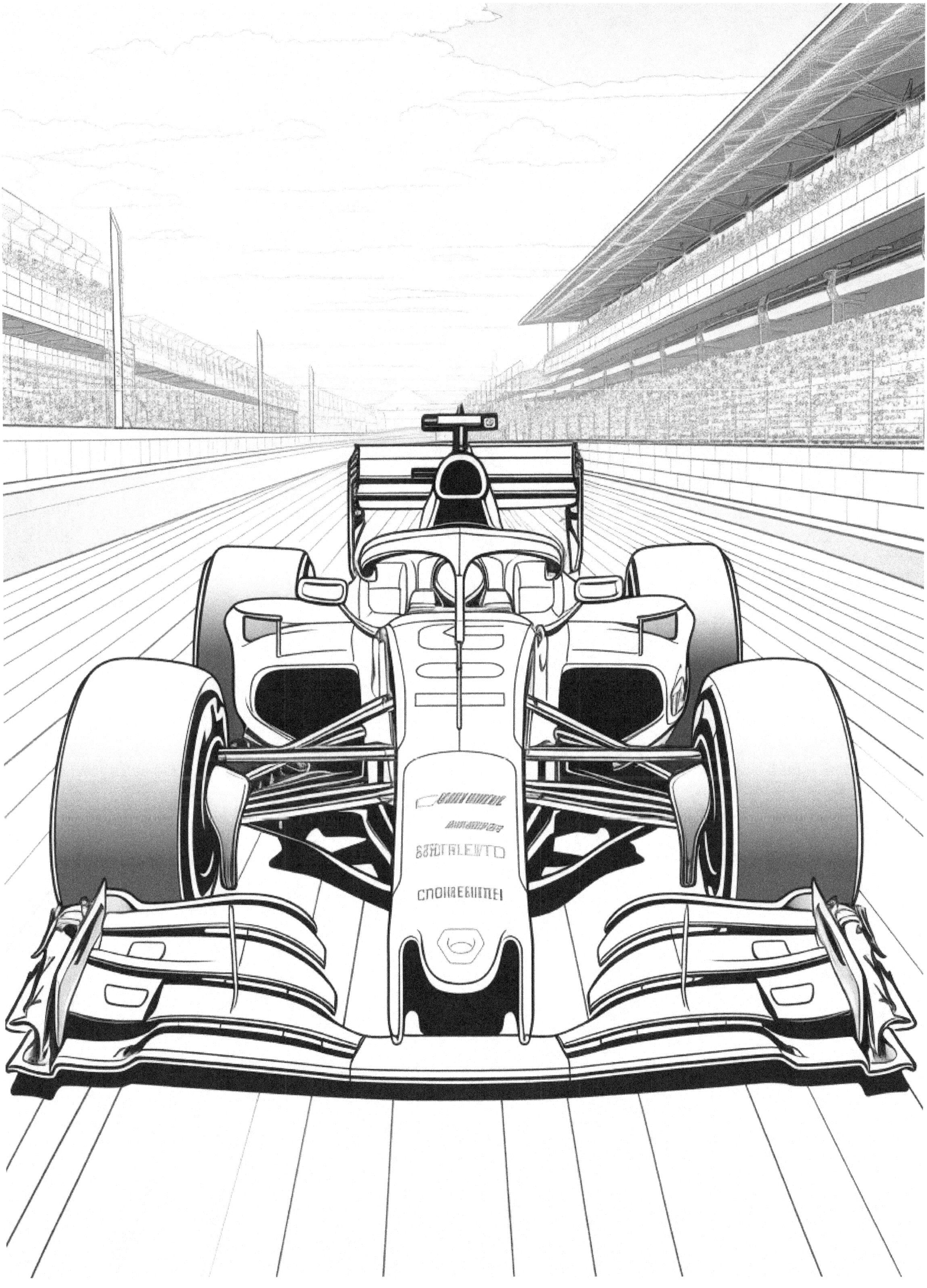

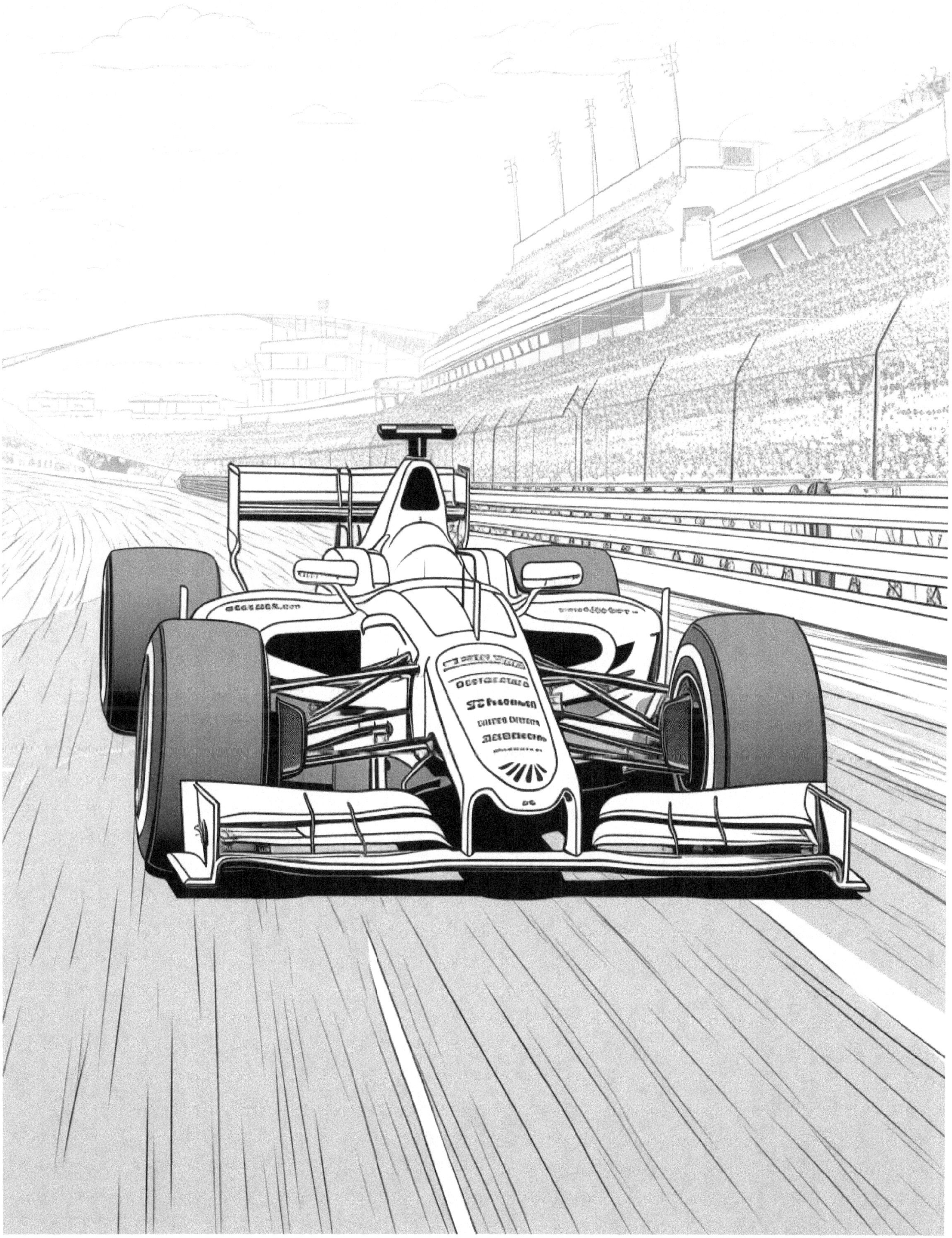

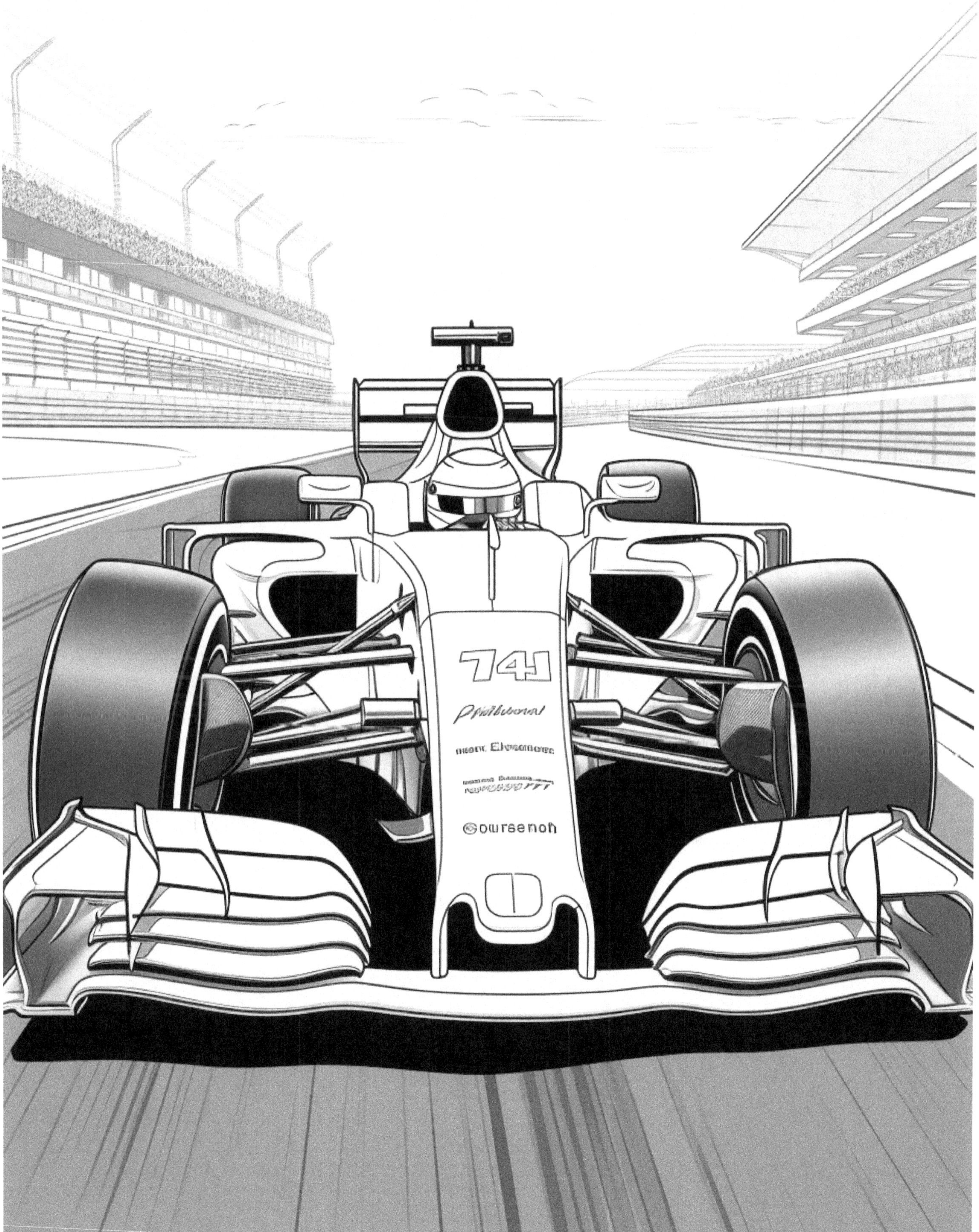

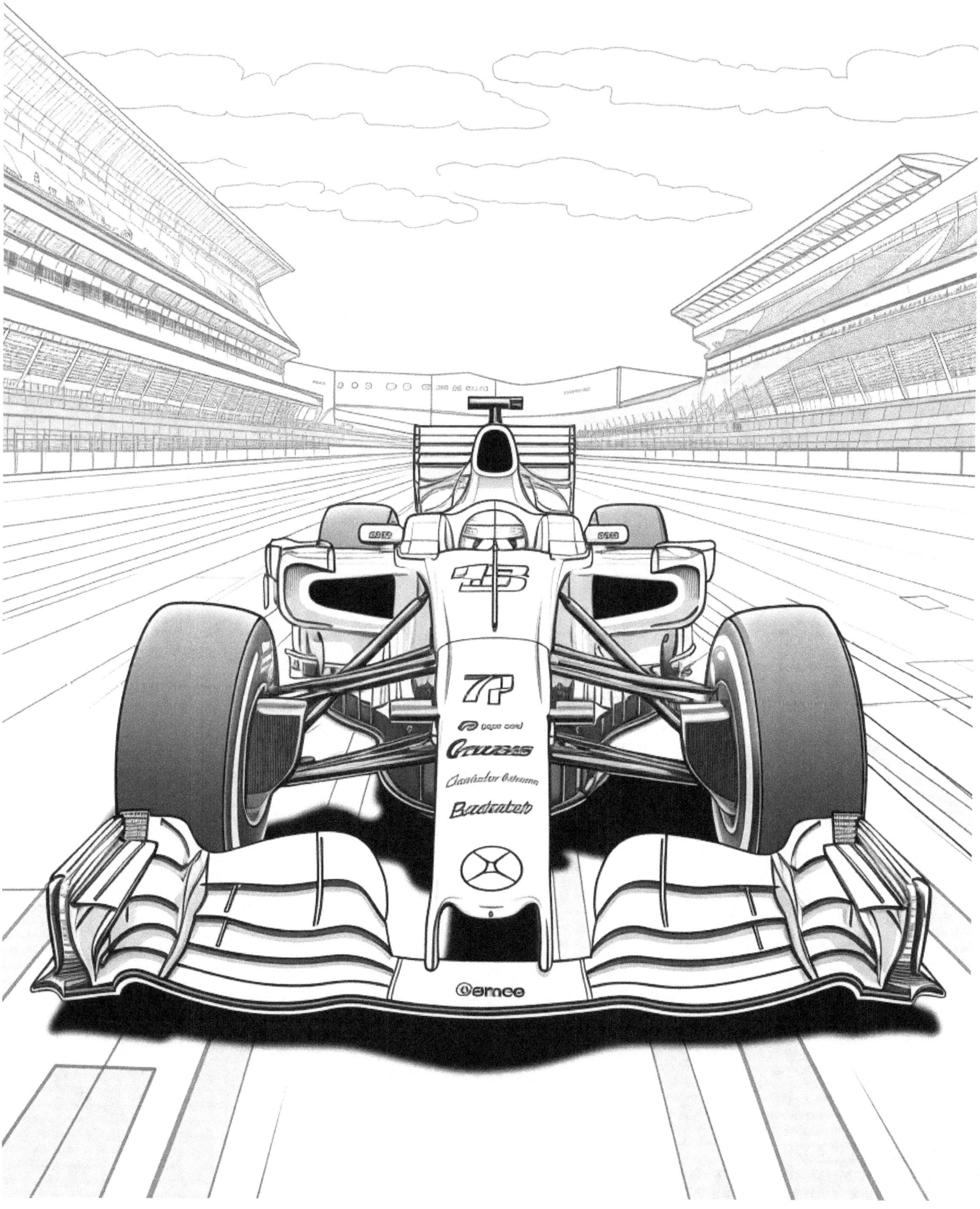

www.ingramcontent.com/pod-product-compliance
Lightning Source LLC
Chambersburg PA
CBHW082147290526
45794CB00008B/3197
* 9 7 9 8 8 6 8 3 9 4 3 4 8 *